데이터과학 입문을 위한

R과 타이디버스

차영준 · 박진표 지음

자유아카데미

머리말

최근 인기를 얻고 있는 타이디버스(tidyverse)는 데이터 과학자 Hadley Wickham에 의해 개발된 통합 패키지이다. 타이디버스는 데이터를 불러오고, 가공하고, 조작하는 전처리 과정을 제공할 뿐만 아니라 데이터 탐색 및 데이터 시각화 등의 데이터 사이언스 작업을 위한 최적의 R 패키지로 활용되고 있다. R과 타이디버스는 머신러닝, 인공지능, 빅데이터, 금융, 의료보건학, 생명공학, 통계학 등의 다양한 분야에서 활용할 수 있고, 무료로 제공되는 장점도 있다.

이 책은 데이터 과학과 통계학에 처음 입문하는 독자들을 위해서 교양과정 수준의 입문서로 집필하였다. 실습 예제와 R에서 제공하는 데이터 세트를 이용하여 R 프로그래밍의 기본 개념과 활용을 쉽고 간결하게 소개할 뿐만 아니라, 데이터 과학 분야에서 널리 사용되고 있는 타이디버스에 속하는 다양한 패키지를 활용하여 필요한 정보를 얻는 방법을 배울 수 있도록 책을 구성하였다.

이 책은 총 5장으로 구성되어 있다. 1장에서는 R과 데이터 구조의 전반적인 내용을 소개하고, 2장에서는 R 데이터를 가공하고 조작하는 전처리 과정을 다루고 있다. 3장에서는 타이디버스에 속한 다양한 패키지(tibble, dplyr, magrittr, readr)를 설명하고, 4장에서는 purrr 패키지와 R 함수형 프로그래밍의 활용을 다루고 있다. 마지막으로 5장에서는 타이디버스의 ggplot2 패키지를 이용하여 데이터의 특성을 쉽게 이해할 수 있도록 시각적으로 표현하는 방법을 소개한다. 그래프로부터 유용한 정보를 얻는 방법인 데이터 시각화를 실제 사례를 통해 설명하고 있다.

이 책에서 다룬 R 소스 코드와 데이터 파일 및 출간 후 나올 수 있는 수정사항 등은 자유아카데미(www.freeaca.com) 자료실을 통해 내려받을 수 있으니 참고하기를 바라며, 마지막으로 이 책이 출판될 수 있도록 도움을 준 자유아카데미 관계자 여러분께 감사의 마음을 전하고 싶다.

2022년 7월

저자 씀

차례

제4장 R 함수형 프로그래밍

제5장 ggplot2 데이터 시각화

제 1 장

R과 데이터 구조

1.1 R과 RStudio

통계 계산과 그래픽스를 지원하는 오픈소스 소프트웨어인 R은 Ross Ihaka와 Robert Gentleman에 의해 개발된 언어로서 머신러닝, 인공지능, 빅데이터, 금융공학, 생명공학 등의 분야에서 활발하게 활용되고 있다. 또한, 다양한 분야와 관련된 풍부한 패키지를 갖고 있으며 무료로 제공되는 장점도 있다. R은 윈도, 리눅스, 맥OS 등의 사용자 컴퓨터 환경에 따라 www.r-project.org에서 내려받아 설치할 수 있다.

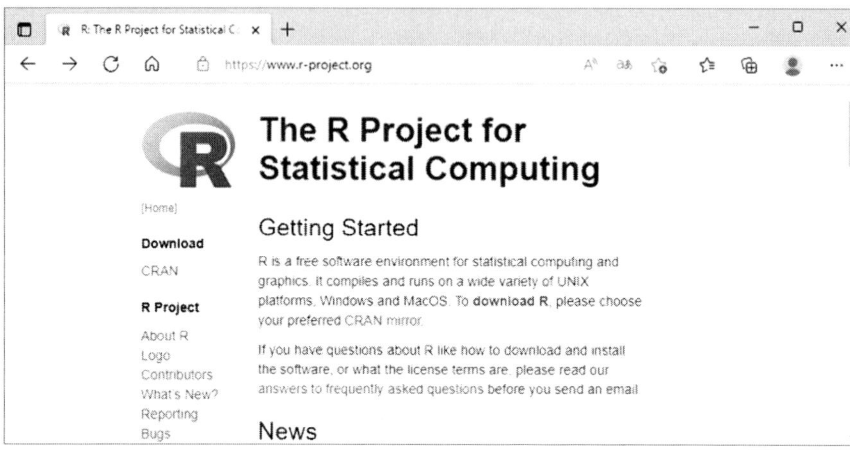

그림 1.1 R 홈페이지

RStudio는 R 프로그램 개발을 편리하게 할 수 있는 통합개발환경 소프트웨어이다. 무료 버전과 상용 버전 있고, 다양한 사용자 컴퓨터 환경에 따라 설치 파일을 www.rstudio.com에서 내려받아 설치할 수 있다.

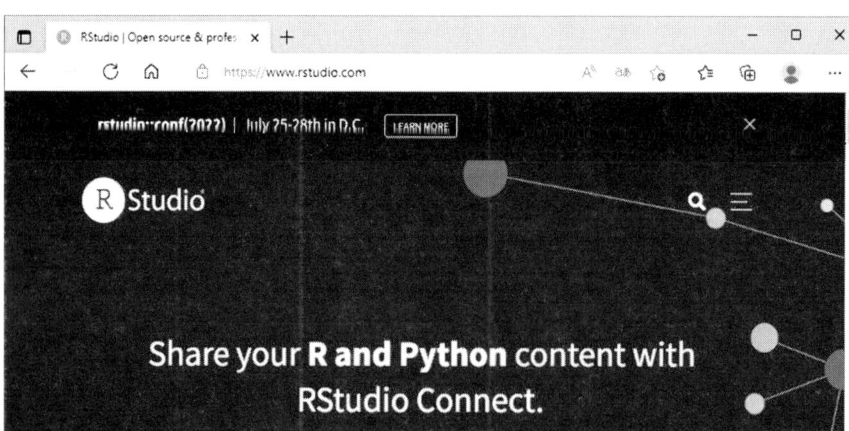

그림 1.2 RStudio 홈페이지

다음은 설치된 RStudio 앱을 실행한 화면이다.

- **스크립트 창**: 왼쪽 위 화면으로 코딩 작업을 하는 창
- **콘솔 창**: 왼쪽 아래 화면으로 프로그램 실행 결과를 보여주는 창
- **환경 창**: 오른쪽 위 화면으로 작업영역과 이력을 보여주는 창
- **플롯 창**: 오른쪽 아래 화면으로 파일, 그래프, 패키지, 도움말 등을 보여주는 창

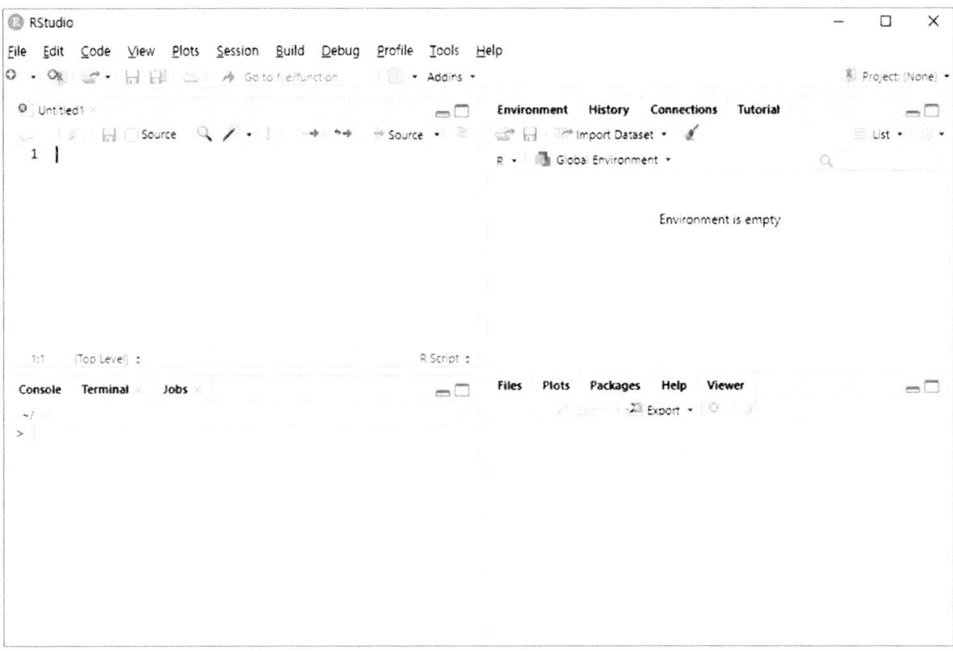

그림 1.3 RStudio 실행화면

1.2 데이터 구조

R에서 기본적으로 제공하는 형태의 데이터 구조는 벡터(vector), 요인(factor), 행렬(matrix), 배열(array), 데이터프레임(data frame)과 리스트(list) 등이 있다.

변수와 유형

- 의미를 가진 모든 것을 R에서 객체라고 정의한다.
- R 데이터 객체의 중요한 두 가지 속성에 유형(mode)과 클래스(class)가 있다.
- 객체인 변수는 데이터를 저장하는 그릇과 같다.

- 변수에 데이터를 저장할 때는 할당 연산자 "<-" 또는 "="를 사용한다.
- 변수명의 첫 글자는 반드시 영문자로 시작하고, 두 번째 글자부터는 영문자, 숫자, 밑줄을 사용할 수 있다. R은 대문자 또는 소문자를 구분하여 사용한다.
- 데이터의 유형을 알기 위해서는 mode() 함수를 사용한다.
- 유형은 수치형(numeric), 문자형(character), 논리형(logical) 등으로 구분된다. 여기서 수치형 데이터는 정수(integer) 또는 실수(double) 등을 지원하고 문자형 데이터는 이중 인용부호("")를 이용하여 데이터를 저장한다. 논리형 데이터의 참일 때 TRUE이고 거짓일 때 FALSE이다.
- 기호(+, -, *, /)를 사용하여 사칙연산(덧셈, 뺄셈, 곱셈, 나눗셈)을 할 수 있다.
- 기호(%%, %/%)는 각각 나눗셈의 나머지와 몫을 계산하는 연산자다.

벡터(vector)

- 벡터는 동일한 유형의 데이터를 담는 R의 기본적인 1차원의 데이터 구조이다.
- 벡터의 속성은 데이터의 유형, 길이, 원소의 이름이 있고 각각 함수 mode(), length(), names()를 이용하여 확인할 수 있다.
- 함수 c(), 연산자(:), seq(), rep(), paste(), scan() 등을 이용하여 수치형, 문자형, 논리형 벡터를 생성할 수 있다.

1) c() 함수에 의한 벡터 생성

c() 함수는 벡터를 생성하는 기본적인 함수로, 소문자 c는 combine의 첫 글자이다. 다음은 c() 함수를 사용하여 변수 x에는 수치형, 변수 y에는 문자형, 변수 z에는 논리형 벡터를 각각 생성하는 예제이다.

c() 함수에 의한 벡터 생성

```
> x <- c(86, 92, 53, 88, 77)
> x
[1] 86 92 53 88 77
> mode(x)
[1]"numeric"
> y <- c("Data Science","Artificial Intelligence","Statistics")
> y
[1]"Data Science""Artificial Intelligence""Statistics"
> mode(y)
```

```
[1]"character"
> z <- c(TRUE, FALSE, TRUE, FALSE, TRUE)
> z
[1] TRUE FALSE  TRUE FALSE  TRUE
> mode(z)
[1]"logical"
```

2) 연산자(:)와 seq() 함수에 의한 벡터 생성

- 연산자(:)는 연산자 좌측의 피연산자와 우측의 피연산자에 입력된 범위의 값을 1씩 증가하거나 감소하는 등차수열을 만든다. 좌측의 수치가 우측보다 작을 경우는 1씩 증가하고, 반대의 경우는 1씩 감소하는 등차수열을 생성한다.
- seq() 함수는 일정한 범위의 값을 순서대로 나열하는 함수이다. seq(1, 10)는 1부터 10까지 1씩 증가하는 등차수열을 생성하고, seq(1, 10, by=2)는 1부터 10까지 2씩 증가하는 등차수열을 생성한다.

다음은 연산자(:)와 seq() 함수에 의한 벡터를 생성하는 예제를 나타낸다.

연산자(:)와 seq() 함수에 의한 벡터 생성

```
> 1:10
 [1]  1  2  3  4  5  6  7  8  9 10
> seq(1, 10)
 [1]  1  2  3  4  5  6  7  8  9 10
> seq(1, 10, by=2)
 [1] 1 3 5 7 9
```

3) rep() 함수에 의한 벡터 생성

rep() 함수를 이용하여 일정한 규칙을 갖고 반복적인 값을 생성할 수 있다. rep() 함수의 사용형식과 인수에 대한 설명은 다음과 같다.

rep(x, each, times)

여기서 x: 반복할 값이 저장된 벡터이다.

each: 각각의 원소를 반복할 횟수이다.

times: 전체 반복의 횟수이다.

다음은 rep() 함수에 의한 벡터를 생성하는 예제를 나타낸다.

rep() 함수에 의한 벡터 생성

```
> rep(7, times=5)
[1] 7 7 7 7 7
> rep(7, 5)
[1] 7 7 7 7 7
> rep(1:3, times=2)
[1] 1 2 3 1 2 3
> rep(1:3, 2)
[1] 1 2 3 1 2 3
> rep(c("M", "F"), 7)
[1] "M" "F" "M" "F" "M" "F" "M" "F" "M" "F" "M" "F" "M" "F"
> rep(1:3, each=3)
[1] 1 1 1 2 2 2 3 3 3
> rep(1:3, each=3, times=2)
 [1] 1 1 1 2 2 2 3 3 3 1 1 1 2 2 2 3 3 3
> rep(c("M", "F"), c(3, 7))
 [1] "M" "M" "M" "F" "F" "F" "F" "F" "F" "F"
```

- 함수 rep(7, times=5)과 rep(7, 5)은 7을 5번 반복하는 벡터를 생성한다.
- rep(1:3, times=2)과 rep(1:3, 2)은 모두 1에서 3까지 수열을 2번 반복하는 벡터를 생성한다.
- rep(c("M", "F"), 7)은 c("M", "F")를 7번 반복하는 벡터를 생성한다.
- rep(1:3, each=3)은 1을 3번, 2를 3번, 3을 3번 반복하는 벡터를 생성한다.
- rep(1:3, each=3, times=2)은 1을 3번, 2를 3번, 3을 3번 반복하고 다시 전체 데이터를 2번 반복하는 벡터를 생성한다. 여기서, 인수 each와 times를 동시에 사용할 때는 인수 each가 우선이다.
- rep(c("M", "F"), c(3, 7))은 "M"을 3번, "F"을 7번 반복하는 벡터를 생성한다.

4) paste() 함수에 의한 벡터 생성

paste() 함수는 여러 개의 문자열을 결합하여 새로운 문자열을 생성한다. 다음은 paste() 함수에 의한 벡터를 생성하는 예제를 나타낸다.

paste() 함수에 의한 벡터 생성

```
> paste("student", 1:10)
 [1] "student 1"  "student 2"  "student 3"  "student 4"  "student 5"
 [6] "student 6"  "student 7"  "student 8"  "student 9"  "student 10"
> paste("student", 1:10, sep="")
 [1] "student1"  "student2"  "student3"  "student4"  "student5"
 [6] "student6"  "student7"  "student8"  "student9"  "student10"
```

- paste("student", 1:10)는 문자열 student와 1:10 사이에 공백을 두고 여러 개의 문자열을 결합하여 새로운 문자열을 10개를 생성할 수 있다.
- paste("student", 1:10, sep="")은 문자열 student와 1:10 사이에 공백이 없이 여러 개의 문자열을 결합하여 새로운 문자열을 10개를 생성할 수 있다.

5) scan() 함수에 의한 벡터 생성

scan() 함수는 외부에 텍스트 파일로 저장된 데이터를 R의 환경으로 읽어 올 수 있다. 다음은 scan() 함수에 의한 벡터를 생성하는 예제를 나타낸다.

scan() 함수에 의한 벡터 생성

```
> scanData <- scan(file="C:/code/r.txt")
Read 5 items
> scanData
[1] 98 93 78 99 80
```

- scan(file="C:/code/r.txt")은 폴더 C:\code에 저장된 텍스트 파일 r.txt를 R의 환경으로 가져와 벡터를 생성하는 코드이다. 여기서 파일명 r.txt에 저장된 데이터는 다음과 같다.

요인(factor)

- 명목형 또는 순서형 데이터를 담는 범주형 데이터 구조를 R에서는 요인이라고 한다.
- 범주형 데이터는 성별, 직업, 국적, 종교, 혈액형 등의 순서에 대한 의미가 없는 명목형 데이터와 직무 만족도, 교육 수준, 옷 치수 등의 순서에 의미를 부여할 수 있는 순서형 데이터로 구성된다.

factor() 함수의 사용형식과 인수에 대한 설명은 다음과 같다.

factor(x, levels, labels, ordered)

여기서 x: 대상이 되는 데이터를 지정하며 문자형 또는 수치형 모두 가능하다.
levels: 범주형 데이터의 수준을 지정하며, 기본값은 주어진 x에 대해 오름차순으로 정렬한다.
labels: levels에 지정된 수준에 이름을 지정한다.
ordered: TRUE이면 levels의 순서를 지정하며, 기본값은 FALSE이다.

다음은 factor() 함수를 이용하여 명목형 요인 데이터로 변경하는 것을 보여준다.

factor() 함수를 이용한 명목형 요인 생성

```
> vote <- c("Yes", "No", "No", "Yes", "No", "No", "No", "Yes", "No", "Yes")
> vote
 [1] "Yes" "No"  "No"  "Yes" "No"  "No"  "No"  "Yes" "No"  "Yes"
> mode(vote)
[1] "character"

> voteFactor <- factor(vote)
> voteFactor
 [1] Yes No  No  Yes No  No  No  Yes No  Yes
Levels: No Yes

> mode(voteFactor)
[1] "numeric"
> class(voteFactor)
[1] "factor"

> survey <- c(1, 0, 0, 1, 0, 0, 0, 1, 0, 1)
```

```
> factor(survey, levels=c(0, 1), labels=c("No", "Yes"))
 [1] Yes No  No  Yes No  No  No  Yes No  Yes
Levels: No Yes
```

- mode(vote)를 통하여 유형이 "character"임을 확인한다.
- factor(vote)를 이용하여 요인으로 변경하고, 이때 Levels는 기본값으로 알파벳 순서(No, Yes)로 됨을 알 수 있다.
- mode()를 이용하여 데이터 유형이 "numeric"임을 알 수 있고, class()를 이용하여 클래스 속성은 factor임을 알 수 있다.
- factor(survey, levels=c(0, 1), labels=c("No", "Yes"))를 이용하여 수치형 벡터 survey를 요인으로 변경하는 것을 보여준다. 여기서 0은 "No"로 1은 "Yes"로 지정한다.

다음 코드는 factor() 함수를 이용하여 순서에 의미가 있는 요인 데이터를 생성하는 예를 나타낸다.

factor() 함수를 이용한 순서형 요인 생성

```
> size <- c("S", "M", "S", "S", "M", "S", "M", "S", "L", "M")
> factor(size)
 [1] S M S S M S M S L M
Levels: L M S

> factor(size, levels=c("S", "M", "L"))
 [1] S M S S M S M S L M
Levels: S M L

> factor(size, levels=c("S", "M", "L"), ordered=TRUE)
 [1] S M S S M S M S L M
Levels: S < M < L

> sizeRaw <- c(1, 2, 1, 1, 2, 1, 2, 1, 3, 2)
> factor(sizeRaw, labels=c("S", "M", "L"))
 [1] S M S S M S M S L M
Levels: S M L
```

- 옷 치수를 조사한 데이터로 factor(size) 함수의 인수를 지정하지 않을 때 Levels는 알파벳순에 의해 Levels: L, M, S의 순으로 설정되었다.

- 순서형 요인이므로 Levels: S, M, L로 만들기 위해 인수 levels=c("S", "M", "L")를 지정하면 된다.
- 요인의 수준(levels) 순서가 중요한 경우에는 인수 ordered=TRUE를 지정한다. 순서가 있는 범주형 데이터임을 보여주는 Levels: S<M<L로 변경된다.
- 입력된 데이터가 수치형 벡터 sizeRaw일 때 factor(sizeRaw, labels=c("S", "M", "L"))를 이용하여 순서형 요인으로 변경시킨다.

행렬(matrix)

행렬은 동일한 유형의 데이터를 담는 행과 열의 2차원 데이터 구조로 되어 있다. R에서 행렬의 원소들은 수치형, 문자형, 논리형 데이터 등의 다양한 형태의 유형을 갖는다.

matrix() 함수의 사용형식과 인수에 대한 설명은 다음과 같다.

```
matrix(x, nrow, ncol, byrow, dimnames)
```

여기서 nrow: 행의 수를 지정한다.
ncol: 열의 수를 지정한다.
byrow: 기본값은 FALSE이고 열 기준으로 데이터를 채워 행렬을 생성한다.
dimnames: 행과 열의 이름을 리스트로 지정한다.

다음 R 코드는 matrix() 함수를 이용한 행렬을 생성하는 예를 나타낸다.

matrix() 함수에 의한 행렬 생성

```
> matrix(1:8, ncol = 4)
     [,1] [,2] [,3] [,4]
[1,]    1    3    5    7
[2,]    2    4    6    8
> matrix(1:8, nrow = 2)
     [,1] [,2] [,3] [,4]
[1,]    1    3    5    7
[2,]    2    4    6    8

> matrix(1:8, ncol = 4, byrow = TRUE)
     [,1] [,2] [,3] [,4]
[1,]    1    2    3    4
[2,]    5    6    7    8
```

- matrix(1:8, ncol = 4)와 matrix(1:8, nrow = 2)는 1부터 8까지의 데이터를 갖고 열 기준으로 2×4 행렬을 생성한다.
- matrix(1:8, ncol = 4, byrow = TRUE)는 1부터 8까지의 데이터를 갖고 행 기준으로 2×4 행렬을 생성한다.

다음은 dimnames(), length(), dim() 함수 예를 나타낸다.

length(), dim(), dimnames() 함수

```
> matData <- matrix(1:8, ncol = 4,
+                   dimnames = list(c("row1", "row2"), c("col1", "col2", "col3", "col4")))
> matData
     col1 col2 col3 col4
row1    1    3    5    7
row2    2    4    6    8

> length(matData)
[1] 8
> dim(matData)
[1] 2 4
> dimnames(matData)
[[1]]
[1] "row1" "row2"
[[2]]
[1] "col1" "col2" "col3" "col4"
```

- dimnames = list(c("row1", "row2"), c("col1", "col2", "col3", "col4"))를 이용하여 행과 열에 이름을 부여한다.
- length(), dim(), dimnames() 함수를 이용하여 행렬의 속성을 각각 구한다.

cbind()와 rbind() 함수를 이용하여 벡터들을 행 또는 열 단위로 묶어 행렬을 생성한다.

rbind()와 cbind() 함수를 이용한 행렬 생성

```
> a <- 1:4
> b <- 5:8
> c <- 9:12
> cbind(a, b, c)
     a b  c
[1,] 1 5  9
[2,] 2 6 10
[3,] 3 7 11
[4,] 4 8 12
> rbind(a, b, c)
  [,1] [,2] [,3] [,4]
a    1    2    3    4
b    5    6    7    8
c    9   10   11   12
```

배열(array)

배열은 행렬의 구조를 n차원으로 확장한 데이터 구조이다. 3차원인 경우 배열은 행과 열과 면의 3차원 데이터 구조로 구성되어 있다.

R에서는 붓꽃의 3가지 종에 대한 배열 데이터 세트가 기본으로 내장되어 있다.

- iris3: 3차원(사례, 붓꽃의 특성, 붓꽃의 종류) 배열

array() 함수의 사용형식과 인수에 대한 설명은 다음과 같다.

```
array(x, dim, dimnames)
```

여기서 x: 배열을 생성할 데이터를 지정한다.
dim: 배열의 차원을 벡터로 지정한다.
dimnames: 배열의 각 차원에 대한 이름을 리스트로 지정한다.

다음은 array() 함수를 이용하여 1에서 16까지의 데이터로 2행 4열의 행렬 2개를 생성하는 예제이다. 즉 2×4×2 배열을 만든다. 또한, 인수 dimnames를 이용하여 배열을 생성할 때 행, 열과 면의 이름을 지정한다.

array() 함수를 이용하여 3차원 배열 생성

```
> array(1:16, dim=c(2,4,2))
, , 1

     [,1] [,2] [,3] [,4]
[1,]    1    3    5    7
[2,]    2    4    6    8

, , 2

     [,1] [,2] [,3] [,4]
[1,]    9   11   13   15
[2,]   10   12   14   16

> array(1:16, dim=c(2,4,2),
+       dimnames=list(c("row1", "row2"),
+                     c("col1", "col2", "col3", "col4"),
+                     c("student1", "student2")))
, , student1

     col1 col2 col3 col4
row1    1    3    5    7
row2    2    4    6    8

, , student2

     col1 col2 col3 col4
row1    9   11   13   15
row2   10   12   14   16
```

데이터프레임(Data Frame)

- 데이터프레임은 행(관측치, 사례)과 열(변수)의 2차원으로 구성되어 있고, 각 변수는 서로 다른 유형을 가질 수 있다.
- 데이터프레임에서 변수에 들어 있는 관측치의 개수가 반드시 같아야만 한다.
- 통계 패키지의 데이터 세트에 해당하는 데이터프레임은 데이터과학에서 가장 많이 활용되는 R의 데이터 구조이다.

data.frame() 함수의 사용형식과 인수에 대한 설명은 다음과 같다.

```
data.frame(x, row.names, stringsAsFactors = FALSE)
```

여기서 x: 데이터프레임을 생성할 다양한 유형의 벡터를 지정한다.

row.names: 행의 이름을 지정할 수 있다. 기본값으로 일련번호가 생성된다.

stringsAsFactors: 문자형 벡터로 저장할지 또는 요인으로 변경할지를 지정하며, 기본값으로는 FALSE로 입력된 유형 그대로 지정한다.

data.frame() 함수를 이용하여 여러 개의 변수로 구성된 데이터프레임을 생성한다.

data.frame() 함수를 이용한 데이터프레임 생성

```
> id <- paste("student", 1:5, sep="")
> gender <- c("F", "M", "M", "F", "F" )
> age <- c(23, 20, 22, 26, 21)
> rscore <- c(99, 87, 90, 77, 85)
> record <- data.frame(id, gender, age, rscore)
> record
        id gender age rscore
1 student1      F  23     99
2 student2      M  20     87
3 student3      M  22     90
4 student4      F  26     77
5 student5      F  21     85
```

다음 코드는 data.frame()의 인수 stringsAsFactors = FALSE의 개념을 설명한다.

data.frame()의 인수 stringsAsFactors

```
> str(record)
'data.frame':    5 obs. of  4 variables:
 $ id    : chr  "student1" "student2" "student3" "student4" ...
 $ gender: chr  "F" "M" "M" "F" ...
 $ age   : num  23 20 22 26 21
 $ rscore: num  99 87 90 77 85

> record$gender <- factor(record$gender)
> str(record)
```

```
'data.frame':    5 obs. of  4 variables:
 $ id    : chr  "student1" "student2" "student3" "student4" ...
 $ gender: Factor w/ 2 levels "F","M": 1 2 2 1 1
 $ age   : num  23 20 22 26 21
 $ rscore: num  99 87 90 77 85
```

- 함수 str()를 통하여 5개의 관측치와 4개의 변수로 구성된 데이터프레임을 알 수 있고, 변수별 정보도 파악할 수 있다.
- 기본값인 stringsAsFactors = FALSE는 입력된 유형 그대로 변수 id와 gender는 모두 문자형 벡터임을 알 수 있다.
- factor() 함수를 이용하여 문자형 벡터 gender를 팩터로 변경한다.

데이터프레임의 속성은 다음과 같다.

- mode(): "list"
- class(): "data.frame"
- length(): 변수의 개수
- names(): 변수 이름
- rownames(): 행 이름

다음은 데이터프레임의 속성을 설명하는 예제이다.

데이터프레임의 속성

```
> length(record)
[1] 4
> mode(record)
[1] "list"
> class(record)
[1] "data.frame"
> names(record)
[1] "id"      "gender" "age"     "rscore"
> row.names(data.frame(gender, age, rscore, row.names = id))
[1] "student1" "student2" "student3" "student4" "student5"
```

- length(데이터프레임)는 변수의 개수, mode(데이터프레임)는 "list", class(데이터프레임)는 "data.frame", names(데이터프레임)는 변수명을 나타낸다.

- 데이터프레임에서 행 이름을 지정하지 않으면 번호가 자동으로 매겨진다. 데이터프레임의 인수 row.names에 행 이름 id를 지정한다.

벡터의 길이가 다르면 긴 벡터의 길이에 맞추어 데이터프레임을 생성한다. 짧은 벡터의 원소를 순환 반복시켜 길이가 긴 벡터의 맞추게 된다. 이를 순환법칙이라고 한다. 이때 긴 벡터의 길이가 짧은 벡터 길이의 배수일 때만 가능하다.

순환법칙

```
> x <- 1:6 ; y <- 1:2
> data.frame(x, y)
  x y
1 1 1
2 2 2
3 3 1
4 4 2
5 5 1
6 6 2
```

R의 시스템 라이브러리에서 기본적으로 제공하는 데이터프레임에는 다음과 같은 것들이 있다.

- iris 데이터프레임은 붓꽃에 대한 꽃받침(sepal)의 너비와 길이, 꽃잎(petal)의 너비와 길이, 3종류의 붓꽃 품종(setosa, versicolor, virginica)에 대한 데이터 세트(변수:5개, 관측치:150개)로 R에 기본으로 내장되어 있다.
- mtcars 데이터프레임은 32대 자동차에 대한 성능 관련 11개 변수로 구성된 데이터 세트(사례:32개, 변수:11개)이다. mtcars는 데이터과학에서 많이 활용되고 있는 데이터 세트이다.

데이터분석을 위해서는 우선 데이터의 전반적인 구조를 파악해야 한다. 이때 기본적으로 사용하는 함수는 head, tail, View, str, summary 등이다.

head() 함수는 데이터프레임에서 첫 6개 행을 출력할 때 사용한다. tail() 함수는 데이터프레임에서 마지막 6개 행을 출력할 때 사용한다. 데이터프레임 iris와 mtcars의 첫 6행을 확인하면 다음과 같다. mtcars는 행 이름이 있는 데이터프레임이다.

head() 함수에 의한 iris와 mtcars 데이터 출력

```
> head(iris)
  Sepal.Length Sepal.Width Petal.Length Petal.Width Species
1          5.1         3.5          1.4         0.2  setosa
2          4.9         3.0          1.4         0.2  setosa
3          4.7         3.2          1.3         0.2  setosa
4          4.6         3.1          1.5         0.2  setosa
5          5.0         3.6          1.4         0.2  setosa
6          5.4         3.9          1.7         0.4  setosa
> head(mtcars)
                   mpg cyl disp  hp drat    wt  qsec vs am gear carb
Mazda RX4         21.0   6  160 110 3.90 2.620 16.46  0  1    4    4
Mazda RX4 Wag     21.0   6  160 110 3.90 2.875 17.02  0  1    4    4
Datsun 710        22.8   4  108  93 3.85 2.320 18.61  1  1    4    1
Hornet 4 Drive    21.4   6  258 110 3.08 3.215 19.44  1  0    3    1
Hornet Sportabout 18.7   8  360 175 3.15 3.440 17.02  0  0    3    2
Valiant           18.1   6  225 105 2.76 3.460 20.22  1  0    3    1
```

str() 함수를 통해 데이터프레임의 행과 열 개수 및 각 열의 데이터 유형과 데이터값을 나열한다. str() 함수를 이용하여 iris와 mtcars의 데이터프레임 구조를 확인하면 다음과 같다.

str() 함수에 의한 iris와 mtcars의 데이터프레임 구조

```
> str(iris)
'data.frame':     150 obs. of  5 variables:
 $ Sepal.Length: num  5.1 4.9 4.7 4.6 5 5.4 4.6 5 4.4 4.9 ...
 $ Sepal.Width : num  3.5 3 3.2 3.1 3.6 3.9 3.4 3.4 2.9 3.1 ...
 $ Petal.Length: num  1.4 1.4 1.3 1.5 1.4 1.7 1.4 1.5 1.4 1.5 ...
 $ Petal.Width : num  0.2 0.2 0.2 0.2 0.2 0.4 0.3 0.2 0.2 0.1 ...
 $ Species     : Factor w/ 3 levels "setosa","versicolor",..: 1 1 1 1 1 1 1 1 1 1 ...
> str(mtcars)
'data.frame':     32 obs. of  11 variables:
 $ mpg : num  21 21 22.8 21.4 18.7 18.1 14.3 24.4 22.8 19.2 ...
 $ cyl : num  6 6 4 6 8 6 8 4 4 6 ...
 $ disp: num  160 160 108 258 360 ...
 $ hp  : num  110 110 93 110 175 105 245 62 95 123 ...
```

```
$ drat: num  3.9 3.9 3.85 3.08 3.15 2.76 3.21 3.69 3.92 3.92 ...
$ wt  : num  2.62 2.88 2.32 3.21 3.44 ...
$ qsec: num  16.5 17 18.6 19.4 17 ...
$ vs  : num  0 0 1 1 0 1 0 1 1 1 ...
$ am  : num  1 1 1 0 0 0 0 0 0 0 ...
$ gear: num  4 4 4 3 3 3 3 4 4 4 ...
$ carb: num  4 4 1 1 2 1 4 2 2 4 ...
```

View()의 명령어 맨 앞 V는 대문자로 입력해야 한다. RStudio에서 테이블 형태로 새 창이 나타나 데이터프레임을 출력하므로 데이터를 파악하는 데 도움이 된다.

View()에 의한 데이터프레임 조회

```
> View(mtcars)
```

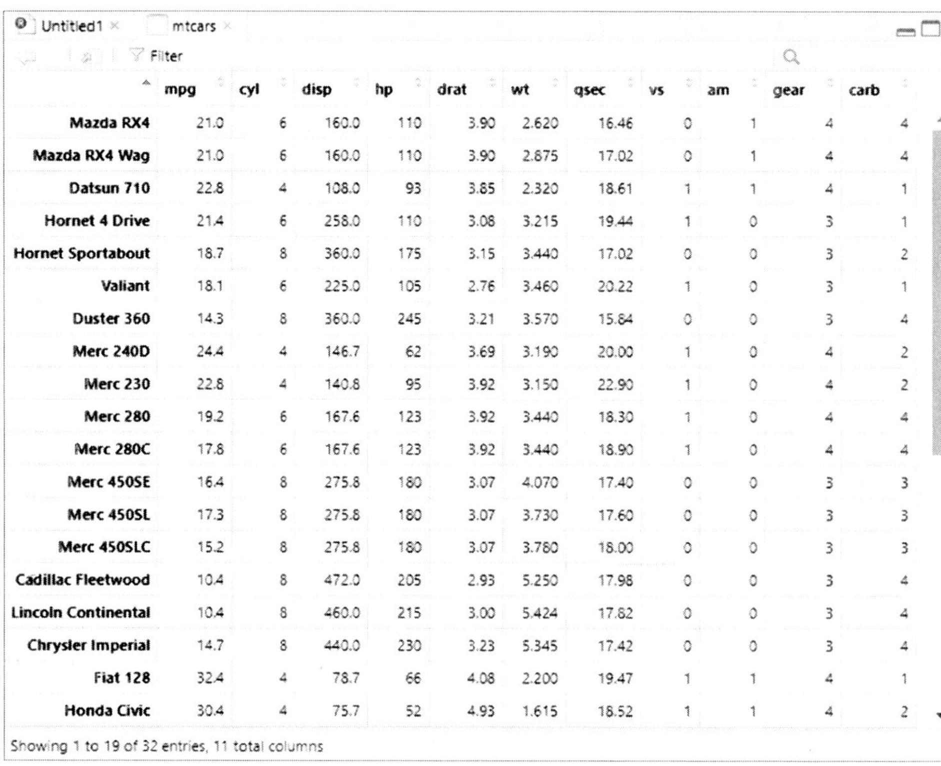

Untitled1 × mtcars ×

Filter

	mpg	cyl	disp	hp	drat	wt	qsec	vs	am	gear	carb
Mazda RX4	21.0	6	160.0	110	3.90	2.620	16.46	0	1	4	4
Mazda RX4 Wag	21.0	6	160.0	110	3.90	2.875	17.02	0	1	4	4
Datsun 710	22.8	4	108.0	93	3.85	2.320	18.61	1	1	4	1
Hornet 4 Drive	21.4	6	258.0	110	3.08	3.215	19.44	1	0	3	1
Hornet Sportabout	18.7	8	360.0	175	3.15	3.440	17.02	0	0	3	2
Valiant	18.1	6	225.0	105	2.76	3.460	20.22	1	0	3	1
Duster 360	14.3	8	360.0	245	3.21	3.570	15.84	0	0	3	4
Merc 240D	24.4	4	146.7	62	3.69	3.190	20.00	1	0	4	2
Merc 230	22.8	4	140.8	95	3.92	3.150	22.90	1	0	4	2
Merc 280	19.2	6	167.6	123	3.92	3.440	18.30	1	0	4	4
Merc 280C	17.8	6	167.6	123	3.92	3.440	18.90	1	0	4	4
Merc 450SE	16.4	8	275.8	180	3.07	4.070	17.40	0	0	3	3
Merc 450SL	17.3	8	275.8	180	3.07	3.730	17.60	0	0	3	3
Merc 450SLC	15.2	8	275.8	180	3.07	3.780	18.00	0	0	3	3
Cadillac Fleetwood	10.4	8	472.0	205	2.93	5.250	17.98	0	0	3	4
Lincoln Continental	10.4	8	460.0	215	3.00	5.424	17.82	0	0	3	4
Chrysler Imperial	14.7	8	440.0	230	3.23	5.345	17.42	0	0	3	4
Fiat 128	32.4	4	78.7	66	4.08	2.200	19.47	1	1	4	1
Honda Civic	30.4	4	75.7	52	4.93	1.615	18.52	1	1	4	2

Showing 1 to 19 of 32 entries, 11 total columns

그림 1.4 View(mtcars) 실행 창

iris 데이터프레임의 summary() 함수를 이용하여 요약 통계량을 출력하면 다음과 같다. 요약 통계량을 살펴보면 변수의 특성을 파악할 수 있다.

summary(iris) 함수에 의한 요약 통계량 출력

```
> summary(iris)
  Sepal.Length    Sepal.Width     Petal.Length    Petal.Width          Species
 Min.   :4.300   Min.   :2.000   Min.   :1.000   Min.   :0.100   setosa    :50
 1st Qu.:5.100   1st Qu.:2.800   1st Qu.:1.600   1st Qu.:0.300   versicolor:50
 Median :5.800   Median :3.000   Median :4.350   Median :1.300   virginica :50
 Mean   :5.843   Mean   :3.057   Mean   :3.758   Mean   :1.199
 3rd Qu.:6.400   3rd Qu.:3.300   3rd Qu.:5.100   3rd Qu.:1.800
 Max.   :7.900   Max.   :4.400   Max.   :6.900   Max.   :2.500
```

- 데이터프레임에 대해 함수 summary()를 실행하면 수치형 변수에 대해서는 최솟값, 제1사분위수, 중위수, 제3사분위수, 평균, 최댓값을 출력하고, 범주형 변수에 대해서는 도수분포표를 출력한다.

리스트(list)

- 벡터와 행렬은 구성 요소가 동일한 유형을 가진 데이터 구조이지만, 리스트의 구성 요소들은 여러 다른 유형을 가진 데이터로 구성될 수 있다.
- 리스트의 요소는 벡터, 행렬, 배열, 데이터프레임, 리스트 등이 될 수 있다.
- 리스트를 구성하고 있는 요소들은 길이, 차원도 같을 필요가 없는 데이터 구조이다.

list() 함수의 사용형식과 인수에 대한 설명은 다음과 같다.

```
list(...)
```

여기서 인수 '...'는 구성하고자 하는 여러 유형의 데이터 객체들을 지정할 수 있다.

다음은 3개의 요소 벡터, 행렬, 데이터프레임을 가진 리스트를 list() 함수를 이용하여 생성하는 예제 코드이다.

list() 함수를 이용하여 리스트 생성

```
> x <- LETTERS[1:10]
> y <- matrix(1:8, ncol=4)
> z <- data.frame(gender=c("F","F","M"), age = c(38, 25, 56))
> list(x, y, z)
[[1]]
 [1] "A" "B" "C" "D" "E" "F" "G" "H" "I" "J"

[[2]]
     [,1] [,2] [,3] [,4]
[1,]    1    3    5    7
[2,]    2    4    6    8

[[3]]
  gender age
1      F  38
2      F  25
3      M  56
```

다음과 같이 리스트의 각 요소에 이름을 부여할 수 있다.

리스트의 각 요소에 이름 부여

```
> list(xdata=x, ydata=y, zdata=z)
$xdata
 [1] "A" "B" "C" "D" "E" "F" "G" "H" "I" "J"

$ydata
     [,1] [,2] [,3] [,4]
[1,]    1    3    5    7
[2,]    2    4    6    8

$zdata
  gender age
1      F  38
2      F  25
3      M  56
```

names() 함수를 이용하여 그 값을 확인하거나 리스트의 각 요소에 이름을 부여할 수 있다.

names() 함수를 이용하여 리스트의 요소에 이름 부여

```
> x <- LETTERS[1:10]
> y <- matrix(1:8, ncol=4)
> z <- data.frame(gender=c("F","F","M"), age = c(38, 25, 56))
> my_list <- list(x, y, z)
> names(my_list)
NULL

> names(my_list) <- c("vector", "matrix", "dataFrame")
> names(my_list)
[1] "vector"    "matrix"    "dataFrame"

> my_list
$vector
 [1] "A" "B" "C" "D" "E" "F" "G" "H" "I" "J"

$matrix
     [,1] [,2] [,3] [,4]
[1,]    1    3    5    7
[2,]    2    4    6    8

$dataFrame
  gender age
1      F  38
2      F  25
3      M  56
```

제 2 장

R 데이터 다루기

2.1 R 데이터 인덱싱

벡터의 인덱싱

대괄호[ ]를 이용하여 벡터의 특정 위치에 있는 원소들을 추출하여 새로운 벡터를 생성한다. 이를 벡터의 인덱싱(indexing)이라고 한다. names() 함수를 이용하여 벡터의 각 원소에 이름을 부여하고 이름을 활용하여 벡터의 인덱싱을 할 수 있다.

다음은 첨자[ ]를 이용하여 벡터의 특정 위치에 있는 원소들을 추출하는 예제이다.

벡터의 인덱싱(1)

```
> a <- c(99, 88, 77, 66, 55, 44, 33, 22, 11)
> a[3]
[1] 77
> a[1:3]
[1] 99 88 77
> a[-6]
[1] 99 88 77 66 55 33 22 11
> a[-1:-5]
[1] 44 33 22 11
```

- a[3]는 벡터 a에서 3번째 원소를 추출한다.
- a[1:3]는 벡터 a에서 1번째부터 3번째까지의 원소를 추출한다.
- a[-6]는 벡터 a에서 6번째 원소를 제외한 벡터를 생성한다.
- a[-1:-5]는 벡터 a에서 1번째부터 5번째까지의 원소를 제외한 나머지 벡터를 생성한다.

names() 함수를 이용하여 벡터의 각 원소에 이름을 부여하고 이름을 활용하여 벡터의 인덱싱을 할 수 있다.

벡터의 인덱싱(2)

```
> x <- c(93, 99, 90, 50, 77)
> names(x) <- c("Statistics", "R", "Python", "DataScience", "AI")
> x
 Statistics    R    Python   DataScience    AI
         93   99        90            50    77
```

```
> x["R"]
 R
99
> x[c("R", "Python")]
     R Python
    99     90
```

- names(x) <- c("Statistics", "R", "Python", "Java", "C")는 벡터의 원소에 이름을 부여한다.
- 이름이 있는 문자형 벡터일 때 x["R"]와 x[c("R", "Python")]와 같이 원소의 이름을 활용하여 벡터를 인덱싱할 수 있다.

다음은 논리형 벡터를 이용하여 특정 위치에 있는 원소들을 추출하는 예제이다.

논리형 벡터에 의한 인덱싱

```
> x[c(TRUE, FALSE, TRUE, FALSE, TRUE)]
Statistics     Python        AI
        93         90        77
> x >= median(x)
 Statistics           R      Python DataScience          AI
       TRUE        TRUE        TRUE       FALSE       FALSE
> x[x >= median(x)]
Statistics          R      Python
        93         99          90
```

- x[c(TRUE, FALSE, TRUE, FALSE, TRUE)]을 이용하여 TRUE가 있는 위치의 원소만을 선택한다.
- x[x >= median(x)]은 x가 x의 중위수보다 크거나 같은 원소만을 추출한다.

행렬의 인덱싱

대괄호[ ]를 이용하여 행렬의 특정 위치에 있는 원소를 인덱싱한다. 행렬[m, n]에서 첫 번째 첨자 m은 행 번호를 의미하고, 두 번째 첨자 n은 열 번호를 의미한다.

다음은 대괄호[ ]를 이용하여 행렬의 원소를 추출하는 예제를 나타낸다.

행렬의 인덱싱

```
> A <- matrix(1:15, nrow=3)
> A
     [,1] [,2] [,3] [,4] [,5]
[1,]    1    4    7   10   13
[2,]    2    5    8   11   14
[3,]    3    6    9   12   15
> A[2,5]
[1] 14
> A[1,]
[1]  1  4  7 10 13
> A[-1,]
     [,1] [,2] [,3] [,4] [,5]
[1,]    2    5    8   11   14
[2,]    3    6    9   12   15
> A[2:3,]
     [,1] [,2] [,3] [,4] [,5]
[1,]    2    5    8   11   14
[2,]    3    6    9   12   15
> A[,-(3:5)]
     [,1] [,2]
[1,]    1    4
[2,]    2    5
[3,]    3    6
```

- A[2,5]는 행렬 A의 2행 5열의 원소를 추출하는 것을 의미한다.
- A[1,]는 1행의 모든 열을 추출한다.
- A[-1,]는 1행을 제외한 모든 행을 추출한다
- A[2:3,]는 2행과 3행의 원소 전체를 추출한다.
- A[,-(3:5)]는 3열에서 5열까지 열을 제외한 원소 전체를 추출한다.

데이터프레임의 인덱싱

다음 예제는 첨자[ ]를 이용한 데이터프레임의 인덱싱을 나타낸다.

데이터프레임의 인덱싱

```
> id <- paste("student", 1:5, sep="")
> gender <- c("F", "M", "M", "F", "F" )
> age <- c(23, 20, 22, 26, 21)
> rscore <- c(99, 87, 90, 77, 85)
> record <- data.frame(id, gender, age, rscore)
> record[2, ]
        id gender age rscore
2 student2      M  20     87
> record[c(1,5), ]
        id gender age rscore
1 student1      F  23     99
5 student5      F  21     85
> record[, 2]
[1] "F" "M" "M" "F" "F"
> record[, c(2,3)]
  gender age
1      F  23
2      M  20
3      M  22
4      F  26
5      F  21
> record[, c("gender", "age")]
  gender age
1      F  23
2      M  20
3      M  22
4      F  26
5      F  21
> record[2]
  gender
1      F
2      M
3      M
4      F
5      F
> record[[2]]
```

```
  gender
1      F
2      M
3      M
4      F
5      F
> record[[2]]
[1] "F" "M" "M" "F" "F"
> record$gender
[1] "F" "M" "M" "F" "F"
```

- record[2,]는 2행에 있는 모든 열을 선택한다.
- record[c(1, 5),]는 1행과 5행에 있는 모든 열을 선택한다.
- record[, 2]는 2열에 있는 모든 행을 추출한다.
- record[, c(2, 3)]와 record[, c("gender", "age")]는 두 번째 변수 gender와 세 번째 변수 age의 모든 행을 선택하는 코드이다.
- record[2]는 두 번째 변수 gender로 구성된 데이터프레임이다.
- record[[2]]와 record$gender는 두 번째 변수 gender를 선택하는 코드이다. 실행 결과는 벡터이다.

다음은 데이터프레임 mtcars에서 인덱싱하는 예제이다.

mtcars 데이터프레임의 인덱싱

```
> head(mtcars[, c("mpg", "cyl", "disp")])
                   mpg cyl disp
Mazda RX4         21.0   6  160
Mazda RX4 Wag     21.0   6  160
Datsun 710        22.8   4  108
Hornet 4 Drive    21.4   6  258
Hornet Sportabout 18.7   8  360
Valiant           18.1   6  225
> mtcars$mpg >= 30
 [1] FALSE FALSE FALSE FALSE FALSE FALSE FALSE FALSE FALSE FALSE FALSE
[12] FALSE FALSE FALSE FALSE FALSE FALSE  TRUE  TRUE  TRUE FALSE FALSE
[23] FALSE FALSE FALSE FALSE FALSE  TRUE FALSE FALSE FALSE FALSE
> mtcars[mtcars$mpg >= 30,]
```

```
               mpg cyl disp  hp drat    wt  qsec vs am gear carb
Fiat 128       32.4   4 78.7  66 4.08 2.200 19.47  1  1    4    1
Honda Civic    30.4   4 75.7  52 4.93 1.615 18.52  1  1    4    2
Toyota Corolla 33.9   4 71.1  65 4.22 1.835 19.90  1  1    4    1
Lotus Europa   30.4   4 95.1 113 3.77 1.513 16.90  1  1    5    2
> mtcars[mtcars$mpg >= 30, c("mpg", "cyl", "disp")]
               mpg cyl disp
Fiat 128       32.4   4 78.7
Honda Civic    30.4   4 75.7
Toyota Corolla 33.9   4 71.1
Lotus Europa   30.4   4 95.1
```

- mtcars[, c("mpg", "cyl", "disp")]는 mtcars에서 변수 mpg, cyl, disp를 선택하여 새로운 데이터프레임을 생성한다.
- mtcars[mtcars$mpg >= 30,]은 mpg가 30 이상인 행으로 구성된 새로운 데이터프레임을 생성한다.
- mtcars[mtcars$mpg >= 30, c("mpg", "cyl", "disp")]은 mpg가 30 이상인 행을 선택하고 변수 mpg, cyl, disp를 선택하여 새로운 데이터프레임을 생성한다.

리스트의 인덱싱

리스트를 인덱싱하기 위해서는 이중 대괄호 연산자와 $ 연산자를 이용한다.

리스트의 인덱싱

```
> x <- LETTERS[1:10]
> y <- matrix(1:8, ncol=4)
> z <- data.frame(gender=c("F","F","M"), age = c(38, 25, 56))
> listData <- list(xdata=x, ydata=y, zdata=z)
> listData[[1]]
 [1] "A" "B" "C" "D" "E" "F" "G" "H" "I" "J"
> listData[["xdata"]]
 [1] "A" "B" "C" "D" "E" "F" "G" "H" "I" "J"
> listData[[1]][3]
[1] "C"
> listData[[2]]
     [,1] [,2] [,3] [,4]
```

```
[1,]    1    3    5    7
[2,]    2    4    6    8
> listData$zdata
  gender age
1      F  38
2      F  25
3      M  56
```

- listData[[1]]와 listData[["xdata"]]는 listData의 첫 번째 요소를 선택한다.
- listData[[1]][3]는 listData의 벡터 x의 3번째 원소를 선택한다.
- listData[[2]]는 listData의 두 번째 요소를 선택한다.
- listData$zdata는 listData의 세 번째 요소를 선택한다.

2.2 R 데이터 조작

수치형 벡터를 팩터로 변환

cut()은 수치형 벡터를 범주형 데이터로 변환시키는 함수로 사용형식과 인수에 대한 설명은 다음과 같다.

```
cut(x, breaks, include.lowest, right, labels)
```

여기서 x: 수치형 벡터이다.

breaks: 구간을 설정할 벡터를 지정한다.

include.lowest: right=FALSE일 때 관측값이 구간의 최댓값과 같은 경우 포함 여부를 지정한다. right=TRUE인 경우 관측값이 구간의 최솟값과 같은 경우 포함 여부를 지정한다.

right: FALSE이면 왼쪽이 닫히고, 기본값은 TRUE로 오른쪽이 닫힌다.

labels: 라벨을 지정한다.

다음은 cut() 함수를 이용한 예제이다.

cut() 함수 활용 예제

```
> score <- c(85, 70, 80, 65, 0, 95, 75, 60, 100, 65)
> cut(score, breaks = c(0, 60, 65, 70, 75, 80, 85, 90, 95, 100),
+     include.lowest = TRUE,
+     right = FALSE, labels =  c("F","D0","D+","C0","C+","B0","B+","A0","A+"))
 [1] B+ C0 B0 D+ F  A+ C+ D0 A+ D+
Levels: F D0 D+ C0 C+ B0 B+ A0 A+
```

- include.lowest = TRUE을 이용하여 right=FALSE일 때 관측값 100점이 구간의 최댓값 구간 A+됨을 알 수 있다.
- right가 FALSE이므로 왼쪽이 닫힌다.

데이터 정렬

order() 함수는 벡터의 원소를 오름차순(increasing) 또는 내림차순(decreasing)으로 정렬한 결과가 원 벡터의 몇 번째 위치하는지 즉 인덱스(index)를 계산한다.

order() 함수의 사용형식과 인수에 대한 설명은 다음과 같다.

```
order(x, decreasing = FALSE)
```

여기서 인수 decreasing의 기본값은 FALSE이며 오름차순으로 정렬한 인덱스를 계산한다.

다음 예제 코드는 order() 함수에 의한 데이터 정렬을 나타낸다.

order() 함수에 의한 벡터 정렬

```
> x <- c(888, 555, 333, 222, 777)
> order(x)
[1] 4 3 2 5 1
> order(x, decreasing = TRUE)
[1] 1 5 2 3 4
> x[order(x)]
[1] 222 333 555 777 888
> x[order(x, decreasing = TRUE)]
[1] 888 777 555 333 222
```

• x[order(x)]는 벡터 x가 오름차순으로 정렬된다.
• x[order(x, decreasing = TRUE)]는 벡터 x가 내림차순으로 정렬된다.

다음은 데이터프레임의 변수 기준으로 정렬하는 예를 나타낸다.

데이터프레임의 정렬

```
> gender <- c("M", "F", "M", "F", "F", "M" )
> python <- c(77, 88, 77, 90, 75, 90)
> r <- c(90, 78, 99, 78, 89, 78)
> exam <- data.frame(gender, python, r)
> exam
  gender python  r
1      M     77 90
2      F     88 78
3      M     77 99
4      F     90 78
5      F     75 89
6      M     90 78
> exam[order(gender), ]
  gender python  r
2      F     88 78
4      F     90 78
5      F     75 89
1      M     77 90
3      M     77 99
6      M     90 78
> exam[order(gender, python, r), ]
  gender python  r
5      F     75 89
2      F     88 78
4      F     90 78
1      M     77 90
3      M     77 99
6      M     90 78
```

• exam[order(gender),]은 데이터프레임 exam을 gender의 오름차순으로 정렬한다.
• exam[order(gender, python, r),]은 먼저 변수 gender를 기준으로 오름차순으로 정렬하

며 동일한 gender가 있는 경우에는 다시 python의 오름차순으로 정렬하고 마지막으로 python 점수가 같을 때는 r 점수의 오름차순으로 정렬하는 코드이다.

결측치 처리

R에서는 결측치를 기호 NA(not available)로 표시한다. 다음 예제 코드는 결측치 처리 관련 R 함수를 설명한다. is.na()는 결측치가 포함되어 있는지 확인하는 함수이다.

R의 결측치

```
> score <- c(90, 80, 70, 50, NA, 60)
> score
[1] 90 80 70 50 NA 60
> is.na(score)
[1] FALSE FALSE FALSE FALSE  TRUE FALSE
> table(is.na(score))
FALSE  TRUE
    5     1
```

- 함수 table(is.na(score))을 이용하여 벡터 score의 결측치 빈도를 계산한다.

다음은 인수 na.rm=TRUE를 사용하면 NA를 제거하고 통계 관련 함수를 적용한다.

인수 na.rm = TRUE

```
> exam[2, 3] <- NA
> exam
  gender python  r
1      M     77 90
2      F     88 NA
3      M     77 99
4      F     90 78
5      F     75 89
6      M     90 78
> mean(exam$r)
[1] NA
> mean(exam$r, na.rm = TRUE)
[1] 86.8
```

- 벡터 exam$r가 NA를 포함하고 있을 때 함수 mean(exam$r)의 결과는 NA다.
- mean(exam$r, na.rm = TRUE)은 결측치 NA를 제외하고 평균을 계산한다.

함수 na.omit()와 complete.cases()를 이용하여 특정 행과 열에 결측치가 들어있는 행을 제외한 데이터프레임을 생성한다.

함수 na.omit()와 complete.cases()

```
> na.omit(exam)
  gender python  r
1      M     77 90
3      M     77 99
4      F     90 78
5      F     75 89
6      M     90 78
> complete.cases(exam)
[1]  TRUE FALSE  TRUE  TRUE  TRUE  TRUE
> exam[complete.cases(exam), ]
  gender python  r
1      M     77 90
3      M     77 99
4      F     90 78
5      F     75 89
6      M     90 78
```

subset() 함수를 이용한 행과 열의 추출

데이터를 분석하기 전에 데이터 세트 일부분을 추출하여 새로운 데이터 세트를 만드는 전처리 작업이 필요할 수가 있다. subset() 함수는 조건을 만족하는 행과 열을 선택하고자 할 때 편리한 함수이다.

다음은 subset() 함수를 이용하여 행과 열을 추출하는 예제를 나타낸다.

subset() 함수를 이용한 행과 변수의 추출

```
> subset(exam, gender=="M")
  gender python  r
1      M     77 90
3      M     77 99
6      M     90 78
> subset(exam, select=python:r)
  python  r
1     77 90
2     88 78
3     77 99
4     90 78
5     75 89
6     90 78
> subset(exam, select=-(python:r))
  gender
1      M
2      F
3      M
4      F
5      F
6      M
> subset(exam, gender=="M", select=gender:r)
  gender python  r
1      M     77 90
3      M     77 99
6      M     90 78
> subset(exam, gender=="M", select=c(gender, python, r))
  gender python  r
1      M     77 90
3      M     77 99
6      M     90 78
```

- subset(exam, gender=="M")은 데이터프레임 exam에서 변수 gender가 남성인 행을 선택한다.
- subset(exam, select=python:r)에서 데이터프레임 exam에서 변수 python에서 r까지 열을 선택한다. 인수 select는 변수를 선택할 때 이용한다.

- subset(exam, select=-(python:r))은 데이터프레임 exam에서 변수 python에서 r까지 열을 제외한 열을 선택한다. 데이터프레임에서 제외하고자 하는 변수명 앞에 "-"를 붙이면 그 변수는 삭제된다.
- subset(exam, gender=="M", select=gender:r)은 데이터프레임 exam에서 변수 gender가 남성이며 변수는 gender에서 r까지 열을 선택한다.
- subset(exam, gender=="M", select=c(gender, python, r))은 데이터프레임 exam에서 변수 gender의 값이 남성 M이며 변수는 gender, python, r인 열을 선택한다.

다음은 mtcars 데이터프레임에서 subset() 함수를 이용하여 데이터 세트 일부분을 추출하여 새로운 데이터 세트를 만드는 예제를 나타낸다.

mtcars 데이터 세트에서 subset() 함수 활용

```
> subset(mtcars, mpg >= 30)
                mpg cyl disp  hp drat    wt  qsec vs am gear carb
Fiat 128       32.4   4 78.7  66 4.08 2.200 19.47  1  1    4    1
Honda Civic    30.4   4 75.7  52 4.93 1.615 18.52  1  1    4    2
Toyota Corolla 33.9   4 71.1  65 4.22 1.835 19.90  1  1    4    1
Lotus Europa   30.4   4 95.1 113 3.77 1.513 16.90  1  1    5    2
> head(subset(mtcars, select=c(mpg, cyl, disp)))
                   mpg cyl disp
Mazda RX4         21.0   6  160
Mazda RX4 Wag     21.0   6  160
Datsun 710        22.8   4  108
Hornet 4 Drive    21.4   6  258
Hornet Sportabout 18.7   8  360
Valiant           18.1   6  225
> head(subset(mtcars, select=mpg:disp))
                   mpg cyl disp
Mazda RX4         21.0   6  160
Mazda RX4 Wag     21.0   6  160
Datsun 710        22.8   4  108
Hornet 4 Drive    21.4   6  258
Hornet Sportabout 18.7   8  360
Valiant           18.1   6  225
> subset(mtcars, mpg >= 30, select=c(mpg, cyl, disp))
                mpg cyl disp
```

```
Fiat 128       32.4   4 78.7
Honda Civic    30.4   4 75.7
Toyota Corolla 33.9   4 71.1
Lotus Europa   30.4   4 95.1
```

- subset(mtcars, mpg >= 30)는 mpg가 30 이상인 행으로 구성된 새로운 데이터프레임을 생성한다.
- subset(mtcars, select=c(mpg, cyl, disp))는 mtcars에서 변수 mpg, cyl, disp를 선택하여 새로운 데이터프레임을 생성한다.
- subset(mtcars, select=mpg:disp)은 mtcars에서 변수 mpg:disp 까지를 선택하여 새로운 데이터프레임을 생성한다.
- subset(mtcars, mpg >= 30, select=c(mpg, cyl, disp))는 mpg가 30 이상인 행을 선택하고 변수 mpg, cyl, disp를 선택하여 새로운 데이터프레임을 생성한다.

merge() 함수에 의한 두 데이터프레임의 결합

R의 merge() 함수를 활용하여 데이터프레임을 결합하는 방법에 대해서 알아본다. merge() 함수의 사용형식과 인수에 대한 설명은 다음과 같다.

```
merge(x, y, by='key')
```

여기서 x, y: 데이터프레임이다.

by='key': key는 두 데이터프레임에서 공통으로 들어있는 변수명이다.

R에 있는 cbind() 함수에 의한 수평결합은 각 행(관측치)이 서로 동일한 대상이고 행의 개수가 같을 때 가능하다. 그러나 merge() 함수는 기준 변수를 이용한 두 개 데이터프레임의 수평결합을 수행한다. 여기서 두 개의 데이터프레임을 열 결합할 때 동일 key 값을 기준으로 결합한다. 이때 수평결합에서 어떤 행을 유지할 것인가에 따라 inner join, outer join, left join, right join 등이 있다.

다음은 inner join의 사용 예를 설명한다.

inner join

```
> df_1 <- data.frame(
+   name = c("Anna", "Bobby", "Cecillia"),
+   major = c("Mathematics", "Statistics", "DataScience")
+   )
> df_2 <- data.frame(
+   name = c("Bobby", "Cecillia", "Denny"),
+   language = c("R", "Python", "Java")
+   )
> df_1
      name       major
1     Anna Mathematics
2    Bobby  Statistics
3 Cecillia DataScience
> df_2
      name language
1    Bobby        R
2 Cecillia   Python
3    Denny     Java
> merge(x = df_1, y = df_2, by = 'name')
      name       major language
1    Bobby  Statistics        R
2 Cecillia DataScience   Python
```

- inner join은 key 변수 두 데이터프레임에서 공통으로 들어있는 변수명 'name'을 지정하고 양쪽 데이터프레임 x, y에 겹치는 행들만 추출해 결합 데이터프레임을 생성한다. 결합한 데이터프레임의 변수가 3개가 됨을 알 수 있다.

다음은 outer join의 사용 예를 설명한다.

outer join

```
> merge(x = df_1, y = df_2, by = 'name', all = TRUE)
      name       major language
1     Anna Mathematics     <NA>
2    Bobby  Statistics        R
3 Cecillia DataScience   Python
4    Denny        <NA>     Java
```

- outer join은 key 변수 두 데이터프레임에서 공통으로 들어있는 변수명 'name'을 지정하고 양쪽 데이터프레임에 있는 모든 행을 추출해 새로운 결합 데이터프레임을 생성한다. 결합하면서 x, y 중 어느 한쪽에 공통된 값을 가지는 관측값이 없을 때 해당 쪽을 NA로 채워 결합한다.

다음은 left join의 사용 예를 설명한다.

left join

```
> merge(x = df_1, y = df_2, by = 'name', all.x = TRUE)
      name       major language
1     Anna Mathematics     <NA>
2    Bobby  Statistics        R
3 Cecillia DataScience   Python
```

- left join은 왼쪽 데이터프레임 행은 모두 유지하고 새로운 데이터프레임을 생성한다.

다음은 right join의 사용 예를 설명한다.

right join

```
> merge(x = df_1, y = df_2, by = 'name', all.y = TRUE)
      name       major language
1    Bobby  Statistics        R
2 Cecillia DataScience   Python
3    Denny        <NA>     Java
```

- right join은 오른쪽 데이터프레임 행은 모두 유지하고 새로운 데이터프레임을 생성한다.

제 3 장

타이디버스를 이용한 데이터 다루기

3.1 타이디버스 통합 패키지

최근 인기를 얻고 있는 타이디버스(tidyverse)는 RStudio의 수석 데이터과학자 Hadley Wickham에 의해 개발된 패키지이다. 타이디버스는 데이터를 불러오고, 가공하고, 조작하는 전처리 과정을 제공할 뿐만 아니라 데이터 탐색 및 데이터 시각화 등의 데이터사이언스(Data Science) 작업을 위한 최적의 패키지로 활용되고 있다. 타이디버스는 데이터사이언스를 위해 개발된 여러 패키지를 묶은 통합 패키지로 8개 핵심 패키지(core tidyverse)와 그 외 패키지들을 포함하고 있다. 핵심 패키지는 library(tidyverse)를 통해 기본적으로 불러오지만, 그 외 패키지는 개별적으로 library() 함수를 이용하여 불러와야 한다. 타이디버스는 인공지능, 빅데이터, 머신러닝, 금융, 의료보건학, 생명공학 등의 다양한 분야에서 활용할 수 있고, 무료로 제공되는 장점도 있다.

먼저, 타이디버스 패키지를 내려받고 설치하기 위해 install.packages("tidyverse")를 실행한다. 설치한 패키지를 사용하기 위해서는 함수 library(tidyverse)를 실행하여 R 세션으로 불러들인다.

tidyverse 패키지 설치 및 불러오기

```
> install.packages("tidyverse")
> library(tidyverse)
-- Attaching packages --------------------------- tidyverse 1.3.1 --------
√ ggplot2 3.3.5     √ purrr   0.3.4
√ tibble  3.1.2     √ dplyr   1.0.7
√ tidyr   1.1.3     √ stringr 1.4.0
√ readr   1.4.0     √ forcats 0.5.1
-- Conflicts ------------------------------------ tidyverse_conflicts() --
x dplyr::filter() masks stats::filter()
x dplyr::lag()    masks stats::lag()
```

표 3.1 tidyverse 핵심 패키지 및 설명

핵심 패키지	설명
ggplot2	데이터 시각화
dplyr	데이터 가공
tidyr	tidy 데이터 생성
readr	데이터 가져오고 내보내기
purrr	함수형 프로그래밍
tibble	현대적으로 개선된 형태의 데이터프레임
stringr	문자열 다루기
forcats	요인 다루기

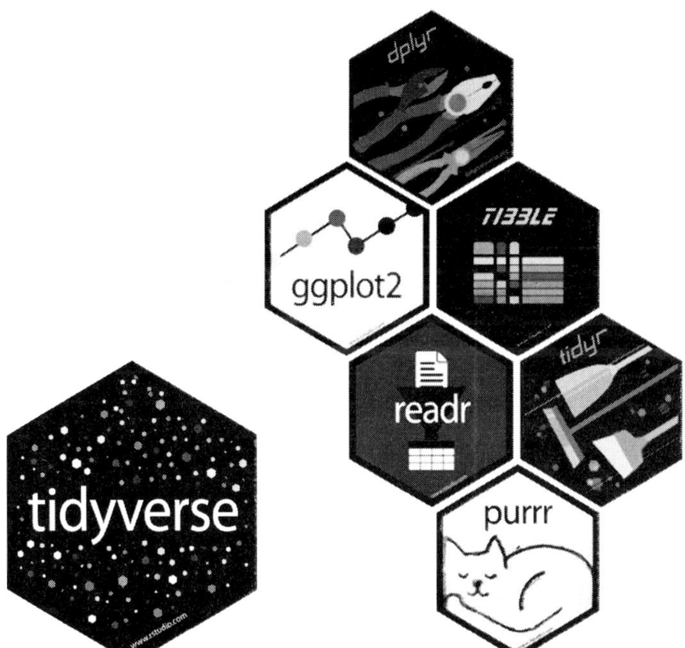

그림 3.1 타이디버스 로고와 패키지들(자료: www.tidyverse.org)

3.2 티블 패키지

help() 함수 또는 물음표(?)를 이용하여 R의 내부 도움말을 확인할 수 있다. RStudio에서는 Help 창에 도움말이 표시된다.

help() 함수를 이용한 R의 내부 도움말

```
> ?cars
> help(cars)
```

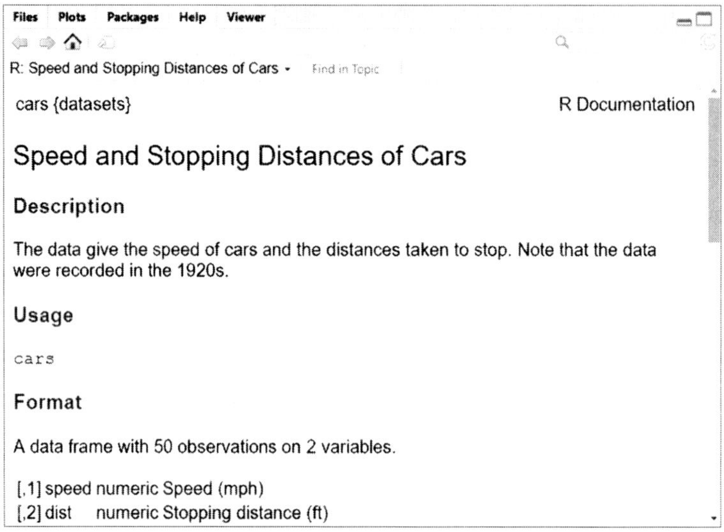

그림 3.2 help() 함수를 이용한 cars 데이터 세트 도움말

vignette(빈옛트)는 패키지의 설명서이다. vignette("tibble")를 이용하여 tibble 패키지에 관련된 도움말을 확인한다. 비네트는 모든 패키지에 있는 것이 아니기 때문에 특정 패키지에 비네트가 존재하는지부터 확인해야 한다.

vignette() 함수를 이용한 패키지 설명서

```
> vignette("tibble")
```

R의 기본적인 데이터 구조는 데이터프레임이다. 티블(tibble) 패키지는 대용량 데이터를 처리할 때 전통적인 데이터프레임보다 표현의 간결성으로 데이터과학에서 많이 사용된다. 티블 패키지는 현대적으로 향상된 형태의 데이터프레임이고 타이디버스에 속한 패키지들을 공통으로 사용할 수 있는 데이터 구조이다. 티블은 타이디버스에 속한 핵심 패키지 중의 하나이다. 통합 패키지 타이디버스를 설치하고 불러오면 티블 패키지를 따로 설치하고 불러올 필요가 없다. 통합 패키지 타이디버스 중 티블 패키지만을 설치하려면 install.packages("tibble")를 실행하여 티블 패키지를 설치하고, 사용하기 위하여 library(tibble)를 실행하여 R 세션으로 불러들인다.

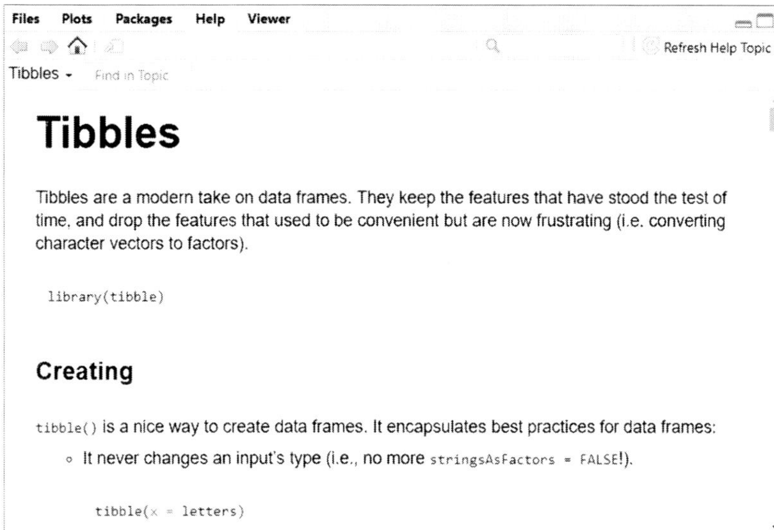

그림 3.3 vignette("tibble") 함수를 이용한 tibble 패키지에 관련 도움말

```
> install.packages("tibble")
> library(tibble)
```

tibble 생성

다음은 기존의 데이터프레임으로 되어 있는 데이터를 함수 as_tibble()을 사용하여 티블 형태의 데이터프레임으로 강제 변환하는 예를 나타낸다.

as_tibble() 함수에 의한 기존의 데이터프레임을 tibble로 변경

```
> head(iris)
  Sepal.Length Sepal.Width Petal.Length Petal.Width Species
1          5.1         3.5          1.4         0.2  setosa
2          4.9         3.0          1.4         0.2  setosa
3          4.7         3.2          1.3         0.2  setosa
4          4.6         3.1          1.5         0.2  setosa
5          5.0         3.6          1.4         0.2  setosa
6          5.4         3.9          1.7         0.4  setosa

> class(iris)
[1] "data.frame"
```

```
> as_tibble(iris)
# A tibble: 150 x 5
   Sepal.Length Sepal.Width Petal.Length Petal.Width Species
          <dbl>       <dbl>        <dbl>       <dbl> <fct>
 1          5.1         3.5          1.4         0.2 setosa
 2          4.9         3            1.4         0.2 setosa
 3          4.7         3.2          1.3         0.2 setosa
 4          4.6         3.1          1.5         0.2 setosa
 5          5           3.6          1.4         0.2 setosa
 6          5.4         3.9          1.7         0.4 setosa
 7          4.6         3.4          1.4         0.3 setosa
 8          5           3.4          1.5         0.2 setosa
 9          4.4         2.9          1.4         0.2 setosa
10          4.9         3.1          1.5         0.1 setosa
# ... with 140 more rows

> class(as_tibble(iris))
[1] "tbl_df"     "tbl"     "data.frame"
```

- 함수 as_tibble(iris)을 사용하여 데이터프레임으로 되어 있는 기존의 iris 데이터를 tibble 형태의 데이터프레임으로 강제 변환한다.
- tibble은 관측치 개수와 변수 개수를 출력하고, 변수의 유형(실수형, 정수형, 팩터형, 문자형 등)도 알려준다. 데이터프레임은 모든 사례를 화면으로 출력하나, tibble은 첫 10개의 관측치만을 출력하고 변수의 표현도 화면의 크기에 따라 출력 개수를 조절한다. 따라서 tibble은 대용량의 데이터를 표현할 때 데이터프레임보다 간략한 형태를 취한다.
- 티블은 R에 내장된 어떤 함수에 적용이 안 될 수도 있다. 이때는 as.data.frame() 함수를 이용하여 전통적인 데이터프레임으로 변환시켜 활용하면 된다.
- tibble 데이터의 class는 "tbl_df", "tbl", "data.frame"을 갖고 있다. 즉 tibble은 데이터프레임의 확장이라 볼 수 있다.

다음은 함수 tibble()을 사용하여 tibble 데이터를 생성하는 예를 나타낸다. tibble은 변수의 유형을 변경하지 않는다. 문자열 벡터인 gender 변수를 팩터형으로 자동 변환하지 않는다.

tibble() 함수에 의한 tibble 데이터 생성(1)

```
> gender <- c("M", "F", "M")
> gpa <- c(4.2, 3.8, 4.3)
> toeic <- c(890, 950, 750)
> tibble(gender, gpa, toeic)
# A tibble: 3 x 3
  gender   gpa toeic
  <chr>  <dbl> <dbl>
1 M        4.2   890
2 F        3.8   950
3 M        4.3   750
```

다음은 tibble 데이터를 생성하는 예를 나타낸다. 아래에서 runif(3), rbinom(3, 10, 0.5), rnorm(3), rt(3, df=10)는 각각 균일분포, 이항분포, 표준정규분포, t-분포에서 각각 3개의 표본을 임의 추출하는 함수이다.

tibble() 함수에 의한 tibble 데이터 생성(2)

```
> tibble(
+   x = runif(3),
+   y = rbinom(3, 10, 0.5),
+   z = rnorm(3),
+   w = rt(3, df=10)
+ )
# A tibble: 3 x 4
       x     y      z       w
   <dbl> <int>  <dbl>   <dbl>
1 0.0992     6 -0.780 -0.0844
2 0.846      5 -0.544  0.336
3 0.371      4  0.534 -0.0268
```

tribble()은 전치된(transposed) tibble의 줄임말로 열 이름 앞에 포뮬러(~)를 붙이고, 쉼표로 구분하여 행 입력한다. 소규모 데이터일 때 tribble() 함수를 이용하여 편리하게 tibble 데이터를 생성할 수 있다. 다음은 함수 tribble()을 사용하여 tibble 데이터를 생성하는 예를 나타낸다.

tribble() 함수에 의한 tibble 데이터 생성(3)

```
> tribble(
+   ~gender, ~gpa, ~toeic,
+   "M", 4.2, 890,
+   "F", 3.8, 950,
+   "M", 4.3, 750
+ )
# A tibble: 3 x 3
  gender   gpa toeic
  <chr>  <dbl> <dbl>
1 M        4.2   890
2 F        3.8   950
3 M        4.3   750
```

tibble의 출력 방식

패키지 Lock5Data에 있는 데이터프레임 ACS는 미국 커뮤니티 설문 조사로 9개 변수에 대한 1,000개의 관측치로 구성되어 있다. 티블은 변수의 개수와 사례 수를 출력하고, 변수와 변수의 유형을 알려준다. 데이터프레임은 모든 사례를 화면으로 출력하나, tibble은 첫 10개의 관측치만을 출력하고 변수의 표현도 화면의 크기에 따라 출력 개수를 조절한다.

패키지 Lock5Data에 있는 데이터프레임 ACS

```
> install.packages("Lock5Data")
> library(Lock5Data)
> data(ACS)
> as_tibble(ACS)
# A tibble: 2,000 x 9
     Sex   Age Married Income HoursWk Race  USCitizen HealthInsurance
   <int> <int>   <int>  <dbl>   <int> <fct>     <int>           <int>
 1     0    38       1     64      40 white         1               1
 2     1    18       0      0       0 black         1               1
 3     0    21       0      4      20 white         1               1
 4     1    17       0      0       0 other         1               1
 5     0    55       1     34      40 other         0               0
 6     1    51       0     30      40 black         1               1
```

```
7    1    28     0   13.7     40 white       1           0
8    0    46     0  114       60 white       1           1
9    1    17     0    0        0 white       1           1
10   0    80     0    0        0 white       1           1
# ... with 1,990 more rows, and 1 more variable: Language <int>
```

print(as_tibble(ACS), n=5)에서 인수 'n=5'는 처음 5개의 관측치를 출력하라는 명령어이고, 변수의 출력은 화면의 크기에 따라 출력 개수를 조절한다.

함수 print()를 이용한 tibble 데이터의 출력 방식

```
> print(as_tibble(ACS), n=5)
# A tibble: 2,000 x 9
    Sex   Age Married Income HoursWk Race   USCitizen HealthInsurance
  <int> <int>   <int>  <dbl>   <int> <fct>      <int>           <int>
1     0    38       1     64      40 white          1               1
2     1    18       0      0       0 black          1               1
3     0    21       0      4      20 white          1               1
4     1    17       0      0       0 other          1               1
5     0    55       1     34      40 other          0               0
# ... with 1,995 more rows, and 1 more variable: Language <int>

> print(as_tibble(ACS), n=5, width=Inf)
# A tibble: 2,000 x 9
    Sex   Age Married Income HoursWk Race   USCitizen HealthInsurance
  <int> <int>   <int>  <dbl>   <int> <fct>      <int>           <int>
1     0    38       1     64      40 white          1               1
2     1    18       0      0       0 black          1               1
3     0    21       0      4      20 white          1               1
4     1    17       0      0       0 other          1               1
5     0    55       1     34      40 other          0               0
  Language
     <int>
1        1
2        1
3        1
4        0
5        0
# ... with 1,995 more rows
```

- print(as_tibble(ACS), n=5)에서 인수 'n=5'는 처음 5개의 관측치를 출력하라는 명령어이고, 변수의 출력은 화면의 크기에 따라 출력 개수를 조절한다. 출력되지 않은 변수는 데이터 밑에 변수명과 유형이 표현된다.
- print(as_tibble(ACS), n=5, width=Inf)에서 인수 'n=5'는 처음 5개의 관측치를 출력하라는 명령어이고, 인수 'width=Inf'는 모든 변수를 화면에 출력하라는 명령어이다.

tibble의 인덱싱

다음은 tibble에서 대괄호 연산자 [ ]와 [[ ]]를 이용하여 열을 인덱싱하는 것을 보여주는 예제이다.

tibble의 인덱싱

```
> score <- data.frame(
+   name     = c("Cha", "Park", "Jung", "Lee", "Kim"),
+   gender   = c("M", "F", rep("M", 2), "F"),
+   age      = c(65, 57, 38, 23, 56),
+   toeic    = c(950, 820, 990, 650, 760),
+   gpa      = c(4.3, 3.9, 4.5, 3.5, 3.7)
+ )
> score_tbl <- as_tibble(score)
> score_tbl[[1]]
[1] "Cha"  "Park" "Jung" "Lee"  "Kim"
> score_tbl$name
[1] "Cha"  "Park" "Jung" "Lee"  "Kim"
> score_tbl[["name"]]
[1] "Cha"  "Park" "Jung" "Lee"  "Kim"
> score_tbl[, 1, drop = TRUE]
[1] "Cha"  "Park" "Jung" "Lee"  "Kim"
> score_tbl[, 1]
# A tibble: 5 x 1
  name
  <chr>
1 Cha
2 Park
3 Jung
4 Lee
5 Kim
```

```
> score_tbl[, 1, drop = FALSE]
# A tibble: 5 x 1
  name
  <chr>
1 Cha
2 Park
3 Jung
4 Lee
5 Kim
> score_tbl["name"]
# A tibble: 5 x 1
  name
  <chr>
1 Cha
2 Park
3 Jung
4 Lee
5 Kim
> score_tbl[, 1:2]
# A tibble: 5 x 2
  name  gender
  <chr> <chr>
1 Cha   M
2 Park  F
3 Jung  M
4 Lee   M
5 Kim   F
> score_tbl[, c("name", "gender")]
# A tibble: 5 x 2
  name  gender
  <chr> <chr>
1 Cha   M
2 Park  F
3 Jung  M
4 Lee   M
5 Kim   F
```

- score_tbl[[1]], score_tbl$name, score_tbl[["name"]]은 인덱싱 후 결과는 벡터로 출력된다.
- score_tbl[, 1, drop=TRUE]의 데이터 구조는 벡터이다.
- score_tbl[, 1], score_tbl[, 1, drop = FALSE], score_tbl["name"]은 인덱싱 후에도 기존의 티블 데이터 구조를 유지한다.
- score_tbl[, 1:2]와 score_tbl[, c("name", "gender")]는 변수 name, gender로 구성된 티블 형식의 데이터를 생성한다.

tibble의 행 이름

행 이름(rowname)은 데이터프레임을 출력했을 때 행 앞에 표시된 이름을 의미한다. 행 이름이 있는 데이터프레임은 rowname이 기본적으로 출력되지만, tibble은 rowname이 생략된다. rownames 관련 함수를 사용하여 행 이름을 데이터프레임의 변수로 변환하여야 하는 경우가 있다. 먼저, 행 이름 관련 함수를 사용하기 위해서는 반드시 library(tibble)를 실행하여 R 세션으로 불러들인다.

표 3.2 tibble의 rownames 관련 함수와 사용형식

rownames 관련 함수	설명
has_rownames()	has_rownames(데이터프레임), 행 이름의 존재 여부. 결과는 TRUE 또는 FALSE
remove_rownames()	remove_rownames(데이터프레임), 데이터프레임이 행 이름이 있는 경우 데이터프레임에서 행 이름을 제거
rownames_to_column()	rownames_to_column(데이터프레임, var = "rowname"), 데이터프레임의 행 이름을 새로운 열 rowname으로 변환
column_to_rownames()	column_to_rownames(데이터프레임, var = "rowname"), 데이터프레임의 열 rowname을 행 이름으로 변환

R의 Base 패키지 중 하나인 datasets에 있는 데이터프레임 mtcars는 미국 자동차 잡지에 실린 자동차의 성능에 관한 데이터로 11개 변수와 32개 사례로 구성되어 있다. 다음은 데이터프레임 iris와 mtcars의 행 이름의 존재 여부에 대한 예제이다.

행 이름 확인

```
> head(iris, n=3)
  Sepal.Length Sepal.Width Petal.Length Petal.Width Species
1          5.1         3.5          1.4         0.2  setosa
2          4.9         3.0          1.4         0.2  setosa
3          4.7         3.2          1.3         0.2  setosa
```

```
> has_rownames(iris)
[1] FALSE

> head(mtcars, n=3)
               mpg cyl disp  hp drat    wt  qsec vs am gear carb
Mazda RX4     21.0   6  160 110 3.90 2.620 16.46  0  1    4    4
Mazda RX4 Wag 21.0   6  160 110 3.90 2.875 17.02  0  1    4    4
Datsun 710    22.8   4  108  93 3.85 2.320 18.61  1  1    4    1
> has_rownames(mtcars)
[1] TRUE
```

- 데이터프레임은 행 이름이 출력되지만, tibble은 행 이름이 출력되지 않는다.
- has_rownames() 함수를 통하여 행 이름의 존재 여부를 확인한 결과 데이터프레임 iris는 행 이름이 없고, 데이터프레임 mtcars는 행 이름이 존재한다.

다음은 rownames 관련 함수에 대한 예제이다.

rownames 관련 함수

```
> score <- data.frame(
+   name     = c("Cha", "Park", "Jung", "Lee", "Kim"),
+   gender   = c("M", "F", rep("M", 2), "F"),
+   age      = c(65, 57, 38, 23, 56),
+   toeic    = c(950, 820, 990, 650, 760),
+   gpa      = c(4.3, 3.9, 4.5, 3.5, 3.7)
+ )

> has_rownames(score)
[1] FALSE
> scoreRow <- column_to_rownames(score, var = "name")
> scoreRow
     gender age toeic gpa
Cha       M  65   950 4.3
Park      F  57   820 3.9
Jung      M  38   990 4.5
Lee       M  23   650 3.5
Kim       F  56   760 3.7
> has_rownames(scoreRow)
```

```
[1] TRUE
> remove_rownames(scoreRow)
  gender age toeic gpa
1      M  65   950 4.3
2      F  57   820 3.9
3      M  38   990 4.5
4      M  23   650 3.5
5      F  56   760 3.7
> rownames_to_column(scoreRow, var ="rowname")
  rowname gender age toeic gpa
1     Cha      M  65   950 4.3
2    Park      F  57   820 3.9
3    Jung      M  38   990 4.5
4     Lee      M  23   650 3.5
5     Kim      F  56   760 3.7
> has_rownames(as_tibble(scoreRow))
[1] FALSE
```

- 행 이름은 변수가 아니므로 rownames 관련 함수를 사용하여 변수(열)로 변환하여야 하는 경우가 있다.
- rownames 관련 함수의 반환 값은 항상 데이터프레임이다.
- has_rownames(as_tibble(scoreRow))이 FALSE로 tibble은 행 이름이 존재하지 않는다는 것을 확인할 수 있다.

3.3 파이프 연산자 %>%

파이프 연산자 %>%를 사용하기 위해 install.packages("magrittr")를 실행하여 magrittr(마그리트) 패키지를 설치한다. 패키지를 사용하기 위해 library(magrittr)를 실행하여 RStudio로 불러들인다.

```
> install.packages("magrittr")
> library(magrittr)
```

파이프 연산자는 왼쪽 객체를 오른쪽 함수의 첫 번째 인자로 보낸다. 파이프 연산자 %>%은 RStudio에서 단축키 Ctrl + Shift + M로 입력할 수 있다.

파이프 연산자 %>%	사용형식 의미
x %>% f	함수 f(x)를 의미한다.
x %>% f(y)	함수 f(x,y)를 의미한다.

파이프 연산자 %>%의 특징은 다음과 같다.

- 파이프 연산자를 사용하면 중간값을 저장하는 임시 변수를 만들지 않아도 되므로 코드가 간결해진다.
- 파이프 연산자를 사용하면 R 코드의 유지 보수가 쉽다.
- 파이프 연산자를 사용하면 직관적으로 코드를 작성하고 읽을 수 있어 가독성이 높아진다.

다음은 파이프 연산자 %>%를 사용하여 영어 소문자 첫 6개를 불러오는 예제이다.

파이프 연산자 %>% 예제(1)

```
> head(letters)
[1] "a" "b" "c" "d" "e" "f"
> letters %>% head
[1] "a" "b" "c" "d" "e" "f"
> letters %>% head %>% is.vector
[1] TRUE
```

- letters %>% head는 head(letters)와 같고 영어 소문자 첫 6개를 불러오는 코드이다.
- letters %>% head %>% is.vector는 is.vector(head(letters))와 같고 첫 6개 영어 소문자를 불러오고 그 데이터가 벡터인지를 확인하는 코드이다.

다음은 파이프 연산자 %>%를 사용하여 iris 데이터를 불러오는 예제이다.

파이프 연산자 %>% 예제(2)

```
> iris %>% tail
    Sepal.Length Sepal.Width Petal.Length Petal.Width   Species
145          6.7         3.3          5.7         2.5 virginica
146          6.7         3.0          5.2         2.3 virginica
147          6.3         2.5          5.0         1.9 virginica
148          6.5         3.0          5.2         2.0 virginica
149          6.2         3.4          5.4         2.3 virginica
150          5.9         3.0          5.1         1.8 virginica
> iris %>% tail(n = 3)
    Sepal.Length Sepal.Width Petal.Length Petal.Width   Species
148          6.5         3.0          5.2         2.0 virginica
149          6.2         3.4          5.4         2.3 virginica
150          5.9         3.0          5.1         1.8 virginica
> iris %>% tail %>% summary
  Sepal.Length    Sepal.Width     Petal.Length    Petal.Width          Species
 Min.   :5.900   Min.   :2.500   Min.   :5.000   Min.   :1.800   setosa    :0
 1st Qu.:6.225   1st Qu.:3.000   1st Qu.:5.125   1st Qu.:1.925   versicolor:0
 Median :6.400   Median :3.000   Median :5.200   Median :2.150   virginica :6
 Mean   :6.383   Mean   :3.033   Mean   :5.267   Mean   :2.133
 3rd Qu.:6.650   3rd Qu.:3.225   3rd Qu.:5.350   3rd Qu.:2.300
 Max.   :6.700   Max.   :3.400   Max.   :5.700   Max.   :2.500
```

- iris %>% tail는 파이프 연산자를 사용하여 iris 데이터의 마지막 6개 행을 불러오는 코드이다.
- tail(iris, n = 3)은 파이프 연산자로 표현하면 iris %>% tail(n = 3)과 같다.
- iris %>% tail %>% summary는 iris 데이터의 마지막 6개 행에 대한 요약 통계량을 계산하는 코드이다.

3.4 dplyr 패키지에 의한 데이터 가공

데이터분석을 하기 위해서는 먼저 데이터를 분석이 가능한 형태로 다듬는 전처리 과정이 필요하다. Hadley Wickham에 의해 개발된 dplyr 패키지를 이용하면 R의 베이스 패키지보다는 전처리 작업이 더욱 편리하고 빠르게 처리된다.

dplyr 패키지에 있는 함수를 사용하기 위하여 install.packages("dplyr")를 실행하여 dplyr 패키지를 설치한다. dplyr 패키지를 사용하기 위하여 library(dplyr)를 실행하여 R 세션으로 불러들인다.

```
> install.packages("dplyr")
> library(dplyr)
```

dplyr 패키지에서 가장 많이 사용되는 유용한 함수는 <표 3.3>과 같다.

표 3.3 dplyr 패키지에서 많이 사용되는 함수

dplyr 패키지 함수	설명
filter()	조건을 만족하는 행을 선택
slice()	행의 시작 번호와 끝 번호를 지정하여 행을 선택
arrange()	특정 변수를 기준으로 데이터 정렬
select()	분석에 필요한 변수만 선택
mutate()	새로운 변수를 생성하여 티블에 추가
transmute()	새로운 변수로 구성된 티블을 생성
count(), n()	그룹에 속한 행의 개수 계산
summarise()	요약 통계량 계산
group_by()	한 개 이상의 변수를 이용하여 데이터를 그룹화
across()	여러 변수를 대상으로 같은 작업을 수행
*_join()	두 개의 티블을 수평결합

filter() 함수

filter() 함수는 티블 또는 데이터프레임에서 조건을 만족하는 행을 선택한다. filter() 함수의 사용형식은 다음과 같다.

- **filter**(데이터프레임, 조건식)
- 데이터프레임 %>% **filter**(조건식)

여기서 조건식은 비교연산자(<, <=, >, >=, ==, !=)와 논리연산자(!, &, |)를 이용하여 지정한다.

dplyr 패키지 실습에 사용할 데이터프레임 ExerciseHours는 패키지 Lock5Data에 있는 데이터 세트로 통계학 과목 관련 수강생의 학년, 성별, 운동량, TV 시청 시간, 손잡이, 맥박수 및 피어싱 횟수를 조사한 자료이다. 데이터프레임 ExerciseHours는 50개의 관측치와 7개의 변수로 구성되어 있다.

표 3.4 데이터프레임 ExerciseHours의 변수

변수명	속성	설명
Year	수치형	학년(1=1학년, 2=2학년, 3=3학년, 4=4학년)
Sex	범주형	성별(F=여자, M=남자)
Hand	범주형	왼손잡이(l), 오른손잡이(r)
Exercise	수치형	운동시간(단위 : 1주)
TV	수치형	TV 시청 시간(단위 : 1주)
Pulse	수치형	맥박수(단위: 분)
Pierces	수치형	피어싱 횟수

ExerciseHours를 사용하기 위해 Lock5Data 패키지를 설치하고 R 세션으로 불러들인다.

```
> install.packages("Lock5Data")
> library(Lock5Data)
```

dplyr 패키지와 ExerciseHours 데이터 세트 사용을 위한 환경 설정

```
>install.packages("dplyr")
>install.packages("Lock5Data")
>library(dplyr)
>library(Lock5Data)
```

데이터프레임 ExerciseHours의 데이터 구조를 확인한다.

ExerciseHours의 데이터 구조

```
> str(ExerciseHours)
'data.frame':     50 obs. of  7 variables:
 $ Year     : int  4 2 3 1 1 1 1 2 1 1 ...
 $ Sex      : Factor w/ 2 levels "F","M": 2 2 1 1 2 2 2 1 1 1 ...
 $ Hand     : Factor w/ 2 levels "l","r": 1 1 2 1 2 2 1 2 2 1 ...
 $ Exercise: int  15 20 2 10 8 14 2 14 10 12 ...
 $ TV       : int  5 14 3 5 2 14 0 2 5 4 ...
 $ Pulse    : int  57 70 70 66 62 62 74 70 60 74 ...
 $ Pierces : int  0 0 2 3 0 0 0 2 2 3 ...
```

함수 as_tibble(ExerciseHours)을 이용하여 티블 ExerciseHours_tbl을 생성하고, 함수 filter()를 사용하여 티블 ExerciseHours_tbl에서 여학생을 선택한다.

ExerciseHours에서 여학생을 선택

```
> ExerciseHours_tbl <- as_tibble(ExerciseHours)
> filter(ExerciseHours_tbl, Sex == "F")
# A tibble: 30 x 7
    Year Sex   Hand  Exercise    TV Pulse Pierces
   <int> <fct> <fct>    <int> <int> <int>   <int>
 1     3 F     r            2     3    70       2
 2     1 F     l           10     5    66       3
 3     2 F     r           14     2    70       2
 4     1 F     r           10     5    60       2
 5     1 F     l           12     4    74       3
 6     2 F     r           10     6    72       2
 7     2 F     r            0     1    61       6
 8     2 F     r           10    10    42       5
 9     2 F     r           12    10    77       4
10     1 F     r            5     5    76       3
# ... with 20 more rows
```

- filter(ExerciseHours_tbl, Sex == "F")를 사용하여 ExerciseHours_tbl에서 여학생을 선택한다. 여기서 ExerciseHours_tbl이 티블이므로 filter() 함수의 반환 결과도 티블이다.

filter() 함수를 사용하여 티블 ExerciseHours_tbl에서 여학생이면서 왼손잡이 수강생을 선택하려면 다음과 같다.

ExerciseHours_tbl에서 여학생이면서 왼손잡이 선택

```
> filter(ExerciseHours_tbl, Sex == "F", Hand == "l")
# A tibble: 4 x 7
   Year Sex   Hand  Exercise    TV Pulse Pierces
  <int> <fct> <fct>    <int> <int> <int>   <int>
1     1 F     l           10     5    66       3
2     1 F     l           12     4    74       3
3     2 F     l            3     9    71       4
4     4 F     l           15     2    54       8
```

```
> ExerciseHours_tbl %>%
+   filter(Sex == "F", Hand == "l")
# A tibble: 4 x 7
   Year Sex   Hand  Exercise    TV Pulse Pierces
  <int> <fct> <fct>    <int> <int> <int>   <int>
1     1 F     l           10     5    66       3
2     1 F     l           12     4    74       3
3     2 F     l            3     9    71       4
4     4 F     l           15     2    54       8
```

- filter(ExerciseHours_tbl, Sex == "F", Hand == "l")에서 두 조건을 만족하는 행을 선택하려면 콤마(,)를 사용한다.
- 파이프 연산자를 사용해도 동일한 결과를 얻는다.

```
ExerciseHours_tbl %>%
  filter(Sex == "F", Hand == "l")
```

filter() 함수를 사용하여 티블 ExerciseHours_tbl에서 주당 운동시간이 5시간 이상에서 7시간 이하인 수강생을 선택하려면 다음과 같다.

ExerciseHours_tbl에서 주당 운동시간이 5~7시간인 수강생을 선택

```
> filter(ExerciseHours_tbl, Exercise >= 5, Exercise <= 7)
# A tibble: 3 x 7
   Year Sex   Hand  Exercise    TV Pulse Pierces
  <int> <fct> <fct>    <int> <int> <int>   <int>
1     1 F     r            5     5    76       3
2     2 F     r            7     2    75       2
3     2 F     r            6     4    69       2
> filter(ExerciseHours_tbl, Exercise >= 5 & Exercise <= 7)
# A tibble: 3 x 7
   Year Sex   Hand  Exercise    TV Pulse Pierces
  <int> <fct> <fct>    <int> <int> <int>   <int>
1     1 F     r            5     5    76       3
2     2 F     r            7     2    75       2
3     2 F     r            6     4    69       2
> filter(ExerciseHours_tbl, between(Exercise, 5, 7))
# A tibble: 3 x 7
```

```
   Year Sex   Hand  Exercise    TV Pulse Pierces
  <int> <fct> <fct>    <int> <int> <int>   <int>
1     1 F     r            5     5    76       3
2     2 F     r            7     2    75       2
3     2 F     r            6     4    69       2
```

- 두 조건을 만족하는 행을 선택하려면 콤마(,) 또는 AND 연산자(&)를 사용한다.
- 인수 between()은 어떤 수가 두 숫자 사이에 있는지를 확인하는 함수이다. 위와 동일한 결과를 얻을 수 있다.

다음 데이터프레임 Leinhardt는 패키지 carData에 속한 데이터 세트로 1970년대 105 국가의 1인당 국민소득, 1,000명당 신생아 사망자, 대륙 구분, 원유수출국 여부를 조사한 자료이다. Leinhardt는 105개의 관측치와 4개의 변수로 구성되어 있다. 변수명, 속성, 각 변수의 수준 및 설명은 다음과 같다.

표 3.5 데이터프레임 Leinhardt의 변수

변수명	속성	설명
income	정수형	1인당 국민소득(단위: 미국 달러)
infant	수치형	신생아 사망률(단위: 1,000명당)
region	범주형	대륙(Africa, Americas, Asia, Europe)
oil	범주형	원유수출국 여부(no, yes)

Leinhardt를 사용하기 위해 패키지 carData를 설치하고 R 세션으로 불러들인다.

dplyr 패키지와 Leinhardt 데이터 세트 사용을 위한 환경 설정

```
>install.packages("dplyr")
>install.packages("carData")
>library(dplyr)
>library(carData)
```

Leinhardt의 데이터 구조와 데이터프레임의 차원을 확인한다.

Leinhardt 데이터 세트의 결측치

```
> str(Leinhardt)
'data.frame':    105 obs. of  4 variables:
 $ income: int  3426 3350 3346 4751 5029 3312 3403 5040 2009 2298 ...
 $ infant: num  26.7 23.7 17 16.8 13.5 10.1 12.9 20.4 17.8 25.7 ...
 $ region: Factor w/ 4 levels "Africa","Americas",..: 3 4 4 2 4 4 4 4 4 4 ...
 $ oil   : Factor w/ 2 levels "no","yes": 1 1 1 1 1 1 1 1 1 1 ...
> dim(Leinhardt)
[1] 105   4
```

Leinhardt 데이터 세트에서 함수 filter()를 사용하여 대륙이 Asia이면서 원유 산유국인 관측치를 선택하려면 다음과 같다.

Leinhardt 데이터프레임에서 대륙이 Asia이면서 원유 산유국인 행을 선택

```
> filter(Leinhardt, region == "Asia", oil  == "yes")
             income infant region oil
Indonesia       110  125.0   Asia yes
Iran           1280     NA   Asia yes
Iraq            560   28.1   Asia yes
Saudi.Arabia   1530  650.0   Asia yes
> Leinhardt %>%
+   filter(region == "Asia", oil  == "yes")
             income infant region oil
Indonesia       110  125.0   Asia yes
Iran           1280     NA   Asia yes
Iraq            560   28.1   Asia yes
Saudi.Arabia   1530  650.0   Asia yes
```

- 함수 filter(Leinhardt, region == "Asia", oil == "yes")는 두 조건을 만족하는 행을 선택한다. Leinhardt가 데이터프레임이기 때문에 함수 filter()의 반환 결과는 데이터프레임이다.
- 파이프 연산자를 사용하여 동일한 결과를 얻는다.

Leinhardt %>% filter(region == "Asia", oil == "yes")

함수 filter()를 사용하여 결측치를 제외한 관측치를 선택하려면 다음과 같다.

함수 filter()를 사용하여 결측치 처리

```
> gender <- c("M", "F", "M", "F", "F", "M" )
> python <- c(77, 88, 77, 90, 75, 90)
> r <- c(90, 78, 99, 78, 89, 78)
> exam <- data.frame(gender, python, r)
> exam[2, 3] <- NA
> exam_tbl <- as_tibble(exam)
> filter(exam_tbl, !(is.na(r)))
# A tibble: 5 x 3
  gender python     r
  <chr>   <dbl> <dbl>
1 M          77    90
2 M          77    99
3 F          90    78
4 F          75    89
5 M          90    78
```

- 함수 filter(exam_tbl, !(is.na(r)))를 사용하여 변수 r에 결측치가 있는 행을 제외한 티블을 생성한다.

slice() 함수

slice() 함수는 티블 또는 데이터프레임에서 행의 시작 번호와 끝 번호를 지정하여 행을 선택한다. slice() 함수의 사용형식은 다음과 같다.

- slice(데이터프레임, 시작 번호:끝 번호)
- 데이터프레임 %>% slice(시작 번호:끝 번호)

slice_sample() 함수는 티블 또는 데이터프레임에서 행을 임의추출 방법으로 선택한다.

- slice_sample(데이터프레임, n, prop, replace = FALSE)
- 데이터프레임 %>% slice_sample(n, prop, replace = FALSE)

여기서 n: 개수를 기준으로 행을 선택할 때 사용한다.
prop: 비율을 기준으로 행을 선택할 때 사용한다.
replace = FALSE(TRUE): 비복원추출(복원추출) 하는 경우이다.

ExerciseHours_tbl 데이터 세트에서 slice() 함수를 사용하여 3번째 행부터 5번째 행까지 선택한다. ExerciseHours_tbl이 티블이므로 slice() 함수의 반환 결과도 티블이다.

slice() 함수를 사용하여 3번째 행부터 5번째 행까지 선택

```
> slice(ExerciseHours_tbl, 3:5)
# A tibble: 3 x 7
   Year Sex   Hand  Exercise    TV Pulse Pierces
  <int> <fct> <fct>    <int> <int> <int>   <int>
1     3 F     r            2     3    70       2
2     1 F     l           10     5    66       3
3     1 M     r            8     2    62       0
```

함수 slice_sample()을 사용하여 ExerciseHours_tbl 데이터 세트에서 임의추출하는 방법은 다음과 같다.

slice_sample()을 사용하여 임의추출하는 방법(1)

```
> slice_sample(ExerciseHours_tbl, n = 2)
# A tibble: 2 x 7
   Year Sex   Hand  Exercise    TV Pulse Pierces
  <int> <fct> <fct>    <int> <int> <int>   <int>
1     1 F     r           10     5    60       2
2     2 F     l            3     9    71       4
> slice_sample(ExerciseHours_tbl, prop = 0.06, replace = TRUE)
# A tibble: 3 x 7
   Year Sex   Hand  Exercise    TV Pulse Pierces
  <int> <fct> <fct>    <int> <int> <int>   <int>
1     2 M     r           30    10    69       0
2     1 F     r           10    10    73       4
3     1 F     r            2     4    59       3
```

- slice_sample(ExerciseHours_tbl, n = 2)은 ExerciseHours_tbl에서 2개의 행을 비복원추출로 선택한다.
- slice_sample(ExerciseHours_tbl, prop = 0.06, replace = TRUE)은 티블 ExerciseHours_tbl에서 6%의 행을 복원추출로 선택한다.

Leinhardt 데이터프레임에서 함수 slice()와 slice_sample()을 사용하여 임의추출하는 방법은 다음과 같다.

slice_sample()을 사용하여 임의추출하는 방법(2)

```
> slice(Leinhardt, 3:5)
        income infant   region oil
Belgium   3346   17.0   Europe  no
Canada    4751   16.8 Americas  no
Denmark   5029   13.5   Europe  no
> slice_sample(Leinhardt, n = 2, replace = FALSE)
        income infant region oil
Liberia    197  159.2 Africa  no
Sweden    5596    9.6 Europe  no
```

- slice(Leinhardt, 3:5)는 slice() 함수를 사용하여 3번째 행부터 5번째 행까지 선택한다.
- slice_sample(Leinhardt, n = 2, replace = FALSE)은 Leinhardt 데이터 세트에서 2개의 행을 비복원추출로 선택한다.

arrange() 함수

arrange() 함수는 티블 또는 데이터프레임에서 특정 열(변수)을 기준으로 데이터를 정렬할 때 사용한다. arrange() 함수의 사용형식은 다음과 같다.

- arrange(데이터프레임, 기준 변수)
- 데이터프레임 %>% arrange(기준 변수)

여기서 내림차순으로 정렬하려면 함수 arrange() 내에 desc(기준 변수)를 사용한다.

함수 arrange()를 사용하여 ExerciseHours_tbl 데이터 세트에서 변수 Exercise를 기준으로 데이터를 오름차순으로 정렬한다.

변수 Exercise를 기준으로 오름차순 정렬

```
> ExerciseHours_tbl %>% arrange(Exercise)
# A tibble: 50 x 7
    Year Sex   Hand  Exercise    TV Pulse Pierces
   <int> <fct> <fct>    <int> <int> <int>   <int>
 1     2 F     r            0     1    61       6
 2     2 F     r            1     1    86       7
 3     1 F     r            1     1    80       3
 4     3 F     r            2     3    70       2
 5     1 M     l            2     0    74       0
 6     1 M     l            2     3    98       0
 7     4 F     r            2     6    62       5
 8     1 F     r            2     4    59       3
 9     4 M     r            2     2    59       0
10     3 M     r            3     4    61       0
# ... with 40 more rows
```

함수 arrange()를 사용하여 ExerciseHours_tbl에서 변수 Exercise를 기준으로 데이터를 내림차순으로 정렬한다.

변수 Exercise를 기준으로 내림차순 정렬

```
> ExerciseHours_tbl %>% arrange(desc(Exercise))
# A tibble: 50 x 7
    Year Sex   Hand  Exercise    TV Pulse Pierces
   <int> <fct> <fct>    <int> <int> <int>   <int>
 1     1 F     r           34     4    71       2
 2     2 M     r           30    10    69       0
 3     2 M     r           27     2    72       0
 4     1 M     r           24     2    76       0
 5     1 F     r           23     4    67       4
 6     2 M     l           20    14    70       0
 7     1 M     r           20    12    75       0
 8     1 F     r           20     6    58       6
 9     1 M     r           19     5    72       0
10     1 F     r           17     2    62       2
# ... with 40 more rows
```

ExerciseHours_tbl에서 변수 Exercise를 기준으로 데이터를 오름차순으로 정렬하고, Exercise의 값이 동점일 때는 Pulse를 기준으로 내림차순으로 정렬한다.

정렬의 기준이 되는 변수가 여러 개 있을 경우

```
> ExerciseHours_tbl %>% arrange(Exercise, desc(Pulse))
# A tibble: 50 x 7
    Year Sex   Hand  Exercise    TV Pulse Pierces
   <int> <fct> <fct>    <int> <int> <int>   <int>
 1     2 F     r            0     1    61       6
 2     2 F     r            1     1    86       7
 3     1 F     r            1     1    80       3
 4     1 M     l            2     3    98       0
 5     1 M     l            2     0    74       0
 6     3 F     r            2     3    70       2
 7     4 F     r            2     6    62       5
 8     1 F     r            2     4    59       3
 9     4 M     r            2     2    59       0
10     1 F     r            3     3    79       2
# ... with 40 more rows
```

Leinhardt 데이터프레임에서 함수 arrange()를 사용하여 income 변수 기준으로 데이터를 내림차순으로 정렬하여 처음 6개 행을 출력한다.

Leinhardt 데이터프레임에서 변수 income 기준으로 내림차순 정렬

```
> Leinhardt %>%
+   arrange(desc(income)) %>%
+   head
              income infant   region oil
Sweden          5596    9.6   Europe  no
United.States   5523   17.6 Americas  no
West.Germany    5040   20.4   Europe  no
Denmark         5029   13.5   Europe  no
Canada          4751   16.8 Americas  no
Netherlands     4103   11.6   Europe  no
```

select() 함수

select() 함수는 데이터분석에 필요한 변수(열)만 선택할 때 사용하는 함수이다. slice() 함수의 사용형식은 다음과 같다.

• select(데이터프레임, 변수)
• 데이터프레임 %>% select(변수)

ExerciseHours_tbl에서 변수 Sex, Exercise, Pulse를 선택하려면 다음과 같다.

select() 함수에 의한 변수 선택

```
> select(ExerciseHours_tbl, Sex, Exercise, Pulse)
# A tibble: 50 x 3
   Sex   Exercise Pulse
   <fct>    <int> <int>
 1 M           15    57
 2 M           20    70
 3 F            2    70
 4 F           10    66
 5 M            8    62
 6 M           14    62
 7 M            2    74
 8 F           14    70
 9 F           10    60
10 F           12    74
# ... with 40 more rows
```

select() 함수를 이용하여 ExerciseHours_tbl에서 Exercise, Sex, Pulse 순서로 변수를 선택하여 티블 데이터를 생성할 수 있다.

select()에 의한 변수를 선택할 때 순서

```
> select(ExerciseHours_tbl, Exercise, Sex, Pulse)
# A tibble: 50 x 3
   Exercise Sex   Pulse
      <int> <fct> <int>
 1       15 M        57
 2       20 M        70
```

```
3        2 F        70
4       10 F        66
5        8 M        62
6       14 M        62
7        2 M        74
8       14 F        70
9       10 F        60
10      12 F        74
# ... with 40 more rows
```

티블 ExerciseHours_tbl에서 변수 Sex에서 Pulse까지 제외하고 추출하려면 다음과 같다. 특정 열을 제외하고 추출하려면 제외하고자 하는 변수 앞에 마이너스(-) 연산자를 붙인다.

select()에 의한 변수 Sex에서 Pulse까지 제외하고 선택

```
> select(ExerciseHours_tbl, -(Sex:Pulse))
# A tibble: 50 x 2
    Year Pierces
   <int>   <int>
 1     4       0
 2     2       0
 3     3       2
 4     1       3
 5     1       0
 6     1       0
 7     1       0
 8     2       2
 9     1       2
10     1       3
# ... with 40 more rows
```

ExerciseHours_tbl에서 변수 Sex를 첫 열에 두고 모든 변수를 선택하는 코드는 다음과 같다.

select() 함수에서 인수 everything() 활용

```
> select(ExerciseHours_tbl, Sex, everything())
# A tibble: 50 x 7
   Sex    Year Hand  Exercise    TV Pulse Pierces
   <fct> <int> <fct>    <int> <int> <int>   <int>
 1 M         4 l           15     5    57       0
 2 M         2 l           20    14    70       0
 3 F         3 r            2     3    70       2
 4 F         1 l           10     5    66       3
 5 M         1 r            8     2    62       0
 6 M         1 r           14    14    62       0
 7 M         1 l            2     0    74       0
 8 F         2 r           14     2    70       2
 9 F         1 r           10     5    60       2
10 F         1 l           12     4    74       3
# ... with 40 more rows
```

select() 함수를 이용하여 ExerciseHours_tbl에 있는 변수명 Sex를 gender로 변경한다. 이때 선택되지 않은 변수는 제거된다.

select() 함수를 이용하여 변수 이름 변경

```
> select(ExerciseHours_tbl, Gender=Sex)
# A tibble: 50 x 1
   Gender
   <fct>
 1 M
 2 M
 3 F
 4 F
 5 M
 6 M
 7 M
 8 F
 9 F
10 F
# ... with 40 more rows
```

Leinhardt 데이터프레임에서 oil 변수를 첫 열에 두고 모든 변수를 선택하는 코드는 다음과 같다.

select() 함수에서 인수 everything() 활용

```
> select(Leinhardt, oil, everything()) %>% head
          oil income infant   region
Australia  no   3426   26.7     Asia
Austria    no   3350   23.7   Europe
Belgium    no   3346   17.0   Europe
Canada     no   4751   16.8 Americas
Denmark    no   5029   13.5   Europe
Finland    no   3312   10.1   Europe
```

rename() 함수

select() 함수를 이용하여 변수 이름을 변경할 수 있으나 선택되지 않은 변수는 제거되어 불편할 경우가 생긴다. 이때 rename() 함수를 이용하여 변수 이름을 변경하면 이름이 변경되지 않은 변수는 그대로 유지된다.

rename() 함수의 사용형식은 다음과 같다.

- rename(데이터프레임, 새 변수명 = 기존 변수명)
- 데이터프레임 %>% rename(새 변수명 = 기존 변수명)

rename() 함수를 이용하여 ExerciseHours_tbl에 있는 변수 이름 Sex를 gender로 변경한다. 이때 이름이 변경되지 않은 변수는 그대로 유지된다.

ExerciseHours_tbl에서 rename() 함수를 이용하여 변수 이름 변경

```
> rename(ExerciseHours_tbl, Gender=Sex)
# A tibble: 50 x 7
   Year Gender Hand  Exercise    TV Pulse Pierces
  <int> <fct>  <fct>    <int> <int> <int>   <int>
1     4 M      l           15     5    57       0
2     2 M      l           20    14    70       0
3     3 F      r            2     3    70       2
4     1 F      l           10     5    66       3
5     1 M      r            8     2    62       0
```

```
6      1 M     r            14   14   62      0
7      1 M     l             2    0   74      0
8      2 F     r            14    2   70      2
9      1 F     r            10    5   60      2
10     1 F     l            12    4   74      3
# ... with 40 more rows
```

rename() 함수를 이용하여 Leinhardt에 있는 변수명 oil을 oilCountry로 변경한다.

Leinhardt에서 rename() 함수를 이용하여 변수 이름 변경

```
> rename(Leinhardt, oilCountry=oil) %>% head
          income infant   region oilCountry
Australia   3426   26.7     Asia         no
Austria     3350   23.7   Europe         no
Belgium     3346   17.0   Europe         no
Canada      4751   16.8 Americas         no
Denmark     5029   13.5   Europe         no
Finland     3312   10.1   Europe         no
```

mutate() 함수

mutate() 함수는 기존의 변수를 이용하여 새로운 변수를 생성하여 티블에 추가할 때 사용하는 함수이다. 이때 새롭게 생성된 변수는 제일 마지막 변수로 추가된다. mutate() 함수의 사용형식은 다음과 같다.

- mutate(데이터프레임, 새로운 변수 = 수식)
- 데이터프레임 %>% mutate(새로운 변수 = 수식)

티블 ExerciseHours_tbl에서 주당 운동시간과 TV 시청 시간의 합을 구하여 새로운 변수 totalTime을 추가하는 프로그램을 작성하여라.

mutate() 함수를 이용한 새로운 변수 생성

```
> mutate(ExerciseHours_tbl, totalTime = Exercise + TV)
# A tibble: 50 x 8
    Year Sex   Hand  Exercise    TV Pulse Pierces totalTime
   <int> <fct> <fct>    <int> <int> <int>   <int>     <int>
 1     4 M     l           15     5    57       0        20
 2     2 M     l           20    14    70       0        34
 3     3 F     r            2     3    70       2         5
 4     1 F     l           10     5    66       3        15
 5     1 M     r            8     2    62       0        10
 6     1 M     r           14    14    62       0        28
 7     1 M     l            2     0    74       0         2
 8     2 F     r           14     2    70       2        16
 9     1 F     r           10     5    60       2        15
10     1 F     l           12     4    74       3        16
# ... with 40 more rows
```

다음은 Leinhardt 데이터프레임에서 mutate() 함수를 이용하여 변수 income에 1,200을 곱하여 생성한 새로운 변수 incomeWon을 추가하는 예제이다.

mutate() 함수를 이용한 새로운 변수 생성

```
> Leinhardt %>%
+   mutate(incomeWon = income * 1200) %>%
+   head
          income infant   region oil incomeWon
Australia   3426   26.7     Asia  no   4111200
Austria     3350   23.7   Europe  no   4020000
Belgium     3346   17.0   Europe  no   4015200
Canada      4751   16.8 Americas  no   5701200
Denmark     5029   13.5   Europe  no   6034800
Finland     3312   10.1   Europe  no   3974400
```

transmute() 함수

transmute() 함수는 새로운 변수만으로 구성된 데이터를 생성할 때 사용하는 함수이다. transmute() 함수의 사용형식은 다음과 같다.

- transmute(데이터프레임, 새로운 변수 = 수식)
- 데이터프레임 %>% transmute(새로운 변수 = 수식)

다음은 transmute() 함수를 이용하여 ExerciseHours_tbl에 있는 주당 운동시간과 TV 시청 시간의 합을 구하여 새롭게 만들어진 변수 totalTime만으로 구성된 데이터 세트를 생성한다.

transmute() 함수에 의한 새로운 변수 totalTime만 유지한 데이터 세트

```
> transmute(ExerciseHours_tbl,
+           totalTime = Exercise + TV)
# A tibble: 50 x 1
   totalTime
       <int>
 1        20
 2        34
 3         5
 4        15
 5        10
 6        28
 7         2
 8        16
 9        15
10        16
# ... with 40 more rows
```

다음은 Leinhardt 데이터프레임에서 transmute() 함수를 이용하여 변수 income에 1,200을 곱하여 새로 생성한 변수 incomeWon만으로 구성된 데이터프레임을 생성한다.

Leinhardt 데이터프레임에서 transmute() 함수 이용

```
> transmute(Leinhardt, incomeWon = income * 1200) %>% head
          incomeWon
Australia   4111200
Austria     4020000
Belgium     4015200
Canada      5701200
Denmark     6034800
Finland     3974400
```

count()와 n() 함수

dplyr 패키지에 있는 함수 count()와 n()을 이용하여 그룹에 속한 행의 개수를 구한다. 즉 빈도를 계산할 때 사용한다. 함수 n()은 단독으로 사용할 수 없고 group_by() 함수와 연결된 summarise() 함수 내에 포함되어 사용된다.

- 데이터프레임 %>% count(변수)
- 데이터프레임 %>%
  group_by(변수)
  summarise(n=n())

ExerciseHours_tbl에서 학년별로 학생 수를 구하여라.

count()와 n()에 의한 학년별 학생 수 계산

```
> ExerciseHours_tbl %>% count(Year)
# A tibble: 4 x 2
   Year     n
  <int> <int>
1     1    22
2     2    18
3     3     5
4     4     5
> ExerciseHours_tbl %>%
+   group_by(Year) %>%
+   summarize(n=n())
# A tibble: 4 x 2
   Year     n
  <int> <int>
1     1    22
2     2    18
3     3     5
4     4     5
```

다음 Leinhardt 데이터프레임에서 대륙별 사례 수를 구하여라.

n()에 의한 대륙별 사례 수 계산

```
> Leinhardt %>% count(region)
    region  n
1   Africa 34
2 Americas 23
3     Asia 30
4   Europe 18

> Leinhardt %>%
+   group_by(region) %>%
+   summarize(n=n())
# A tibble: 4 x 2
  region       n
  <fct>    <int>
1 Africa      34
2 Americas    23
3 Asia        30
4 Europe      18
```

summarise() 함수

summarise()는 변수들의 요약 통계량을 계산할 때 사용하는 함수이다.

- summarise(데이터프레임, 변수 = 함수)
- 데이터프레임 %>% summarise(변수 = 함수)

여기서 summarise() 내에 사용하는 함수는 다음과 같다.

1) n(): 자료의 개수
2) sum(): 합
3) mean(): 평균
4) median(): 중위수
5) sd(): 표준편차
6) IQR(): 사분위수 범위
7) min(): 최솟값
8) max(): 최댓값
9) quantile(): 사분위수

ExerciseHours_tbl에서 주당 운동시간(Exercise)과 TV 시청 시간(TV)의 평균을 구하는 프로그램을 작성하여라.

summarise() 함수에 의한 주당 운동시간과 TV 시청 시간의 평균 계산

```
> ExerciseHours_tbl %>%
+   summarise(Exercise_mean = mean(Exercise), TV_mean = mean(TV))
# A tibble: 1 x 2
  Exercise_mean TV_mean
          <dbl>   <dbl>
1          10.6    4.88
```

summarise() 함수를 이용하여 ExerciseHours_tbl의 주당 운동시간(Exercise)과 TV 시청 시간(TV)에 대한 평균, 최댓값, 최솟값을 구하는 프로그램을 작성한다.

주당 운동시간과 TV 시청 시간의 평균, 최댓값, 최솟값 계산

```
> ExerciseHours_tbl %>%
+   summarise(Exercise_mean = mean(Exercise),
+             TV_mean = mean(TV),
+             Exercise_max = max(Exercise),
+             TV_max = max(TV),
+             Exercise_min = min(Exercise),
+             TV_min = min(TV))
# A tibble: 1 x 6
  Exercise_mean TV_mean Exercise_max TV_max Exercise_min TV_min
          <dbl>   <dbl>        <int>  <int>        <int>  <int>
1          10.6    4.88           34     15            0      0
```

summarise() 함수를 이용하여 Leinhardt 데이터프레임의 income과 infant 변수에 대한 평균, 최댓값, 최솟값을 각각 구하는 프로그램을 작성한다.

Leinhardt에서 income과 infant 변수의 평균, 최댓값, 최솟값 계산

```
> Leinhardt %>%
+   summarise(income_mean = mean(income, na.rm=TRUE),
+             income_max = max(income, na.rm=TRUE),
+             income_min = min(income, na.rm=TRUE),
+             infant_mean = mean(infant, na.rm=TRUE),
+             infant_max = max(infant, na.rm=TRUE),
+             infant_min = min(infant, na.rm=TRUE))
  income_mean income_max income_min infant_mean infant_max infant_min
1    998.0667       5596         50    89.04752        650        9.6
```

group_by() 함수

group_by() 함수는 한 개 이상의 변수를 이용하여 먼저 데이터를 그룹으로 나누고, 그 결과로 반환되는 데이터를 summarise() 함수로 전달하여 그룹별로 요약 함수를 적용한다.

- 데이터프레임 %>%

  group_by(변수) %>%

  summarise(변수 = 요약 함수)

다음은 ExerciseHours_tbl에서 학년(Year)별로 주당 운동시간(Exercise)과 TV 시청 시간(TV)의 평균을 구하는 프로그램이다.

학년별로 주당 운동시간과 TV 시청 시간 평균 계산

```
> ExerciseHours_tbl %>%
+   group_by(Year) %>%
+   summarise(mean_Exercise = mean(Exercise), mean_TV = mean(TV))
# A tibble: 4 x 3
   Year mean_Exercise mean_TV
  <int>         <dbl>   <dbl>
1     1          12.3    4.82
2     2          10.9    6.22
3     3           5.2    2
4     4           7.4    3.2
```

다음은 ExerciseHours_tbl에서 학년과 성별의 조합별 자료 개수와 주당 운동시간(Exercise)의 평균을 구하는 프로그램이다.

학년과 성별의 조합별 자료 개수와 주당 운동시간 평균 계산

```
> ExerciseHours_tbl %>%
+   group_by(Year, Sex) %>%
+   summarise(mean_Exercise=mean(Exercise))
`summarise()` has grouped output by 'Year'. You can override using the `.groups`
argument.
# A tibble: 8 x 3
# Groups:   Year [4]
   Year Sex   mean_Exercise
  <int> <fct>         <dbl>
1     1 F             12.2
2     1 M             12.3
3     2 F              7.38
4     2 M             20.2
5     3 F              5
6     3 M              5.33
7     4 F              8.5
8     4 M              6.67
```

다음은 주당 운동시간과 TV 시청 시간의 합을 계산한 후 학년별 평균을 계산하고, 학년별 평균 운동시간의 오름차순으로 정렬하는 프로그램이다.

mutate(), group_by(), summarise(), arrange() 활용 예제

```
> ExerciseHours_tbl %>%
+   mutate(totalTime = Exercise + TV) %>%
+   group_by(Year) %>%
+   summarise(mean_totalTime = mean(totalTime)) %>%
+   arrange(mean_totalTime)
# A tibble: 4 x 2
   Year mean_totalTime
  <int>          <dbl>
1     3            7.2
2     4           10.6
3     1           17.1
4     2           17.2
```

다음은 ExerciseHours_tbl에서 학년별 여대생의 피어싱 평균 개수를 구하고 내림차순으로 정렬하는 프로그램이다.

filter(), group_by(), summarise(), arrange() 활용 예제

```
> ExerciseHours_tbl %>%
+   filter(Sex == "F") %>%
+   group_by(Year) %>%
+   summarise(mean_Pierces = mean(Pierces)) %>%
+   arrange(desc(mean_Pierces))
# A tibble: 4 x 2
   Year mean_Pierces
  <int>        <dbl>
1     4          6.5
2     3          4
3     2          3.62
4     1          3
```

다음은 Leinhardt 데이터프레임에서 원유 산유국 중에서 대륙별 1인당 국민소득 income의 평균을 구하고 내림차순으로 정렬하는 프로그램이다.

Leinhardt에서 filter(), group_by(), summarise(), arrange() 활용 예제

```
> Leinhardt %>%
+   filter(oil == "yes") %>%
+   group_by(region) %>%
+   summarise(mean_income = mean(income)) %>%
+   arrange(desc(mean_income))
# A tibble: 3 x 2
  region   mean_income
  <fct>          <dbl>
1 Africa          1210
2 Asia             870
3 Americas         745
```

across() 함수

여러 열을 대상으로 같은 작업을 수행해야 하는 경우 across()를 사용하면 편리하다.

• across(.cols=, .fns=, ..., .names=)

여기서 .cols: 수행할 열을 선택한다.

.fns: 수행할 함수를 지정한다.

예1) 하나의 함수: mean, median, sd 등

예2) 여러 함수는 리스트: list(MEAN=mean, MEDIAN=median)

예3) purrr 방식: ~ mean(.x, na.rm=TRUE), .x는 각 열을 의미한다.

.names: 결과로 생성될 열의 이름을 지정할 수 있고 생성되는 열의 이름을 .names="{fn}_{col}"을 이용하여 변경할 수 있다.

ExerciseHours_tbl에서 across() 함수를 이용하여 변수 Exercise, TV, Pulse, Pierces의 평균을 계산할 수 있다.

수행할 함수가 하나인 경우

```
> ExerciseHours_tbl %>%
+   summarise(across(c(Exercise, TV, Pulse, Pierces), mean))
# A tibble: 1 x 4
  Exercise    TV Pulse Pierces
     <dbl> <dbl> <dbl>   <dbl>
1     10.6  4.88  68.4    2.14

> ExerciseHours_tbl %>%
+   summarise(across(4:7, mean))
# A tibble: 1 x 4
  Exercise    TV Pulse Pierces
     <dbl> <dbl> <dbl>   <dbl>
1     10.6  4.88  68.4    2.14
```

다음은 수행할 함수가 두 개일 때 across()를 사용한 경우를 나타낸다. ExerciseHours_tbl에서 across() 함수를 이용하여 변수 Exercise, TV, Pulse의 평균과 중위수를 계산할 수 있다. 생성되는 열의 이름을 인수 .names="{fn}_{col}"을 사용하여 변경할 수 있다.

수행할 함수가 두 개인 경우

```
> ExerciseHours_tbl %>%
+   summarise(across(4:6, list(Mean = mean, Median = median)))
# A tibble: 1 x 6
  Exercise_Mean Exercise_Median TV_Mean TV_Median Pulse_Mean Pulse_Median
          <dbl>           <dbl>   <dbl>     <dbl>      <dbl>        <dbl>
1          10.6              10    4.88         4       68.4           70

> ExerciseHours_tbl %>%
+   summarise(across(4:6, list(Mean = mean, Median = median),
+                  .names="{fn}_{col}"))
# A tibble: 1 x 6
  Mean_Exercise Median_Exercise Mean_TV Median_TV Mean_Pulse Median_Pulse
          <dbl>           <dbl>   <dbl>     <dbl>      <dbl>        <dbl>
1          10.6              10    4.88         4       68.4           70
```

across() 함수를 이용하여 Exercise와 TV에서 시간으로 측정된 자료를 분 단위로 변환하는 프로그램을 작성한다. 수행할 함수를 purrr 방식 ~.x*60으로 지정한다.

수행할 함수를 purrr 방식 ~.x*60으로 지정

```
> ExerciseHours_tbl %>%
+   mutate(across(c(Exercise, TV), ~.x*60))
# A tibble: 50 x 7
    Year Sex   Hand  Exercise    TV Pulse Pierces
   <int> <fct> <fct>    <dbl> <dbl> <int>   <int>
 1     4 M     l          900   300    57       0
 2     2 M     l         1200   840    70       0
 3     3 F     r          120   180    70       2
 4     1 F     l          600   300    66       3
 5     1 M     r          480   120    62       0
 6     1 M     r          840   840    62       0
 7     1 M     l          120     0    74       0
 8     2 F     r          840   120    70       2
 9     1 F     r          600   300    60       2
10     1 F     l          720   240    74       3
# ... with 40 more rows
```

across() 함수를 이용하여 변수 Exercise와 TV 모두에서 평균 이상이 되는 행을 선택한다. 수행할 함수를 purrr 방식 ~.x >= mean(.x)으로 지정한다.

수행할 함수를 purrr 방식 ~.x >= mean(.x)으로 지정

```
> ExerciseHours_tbl %>%
+   filter(across(c(Exercise, TV), ~.x >= mean(.x)))
# A tibble: 10 x 7
    Year Sex   Hand  Exercise    TV Pulse Pierces
   <int> <fct> <fct>    <int> <int> <int>   <int>
 1     4 M     l           15     5    57       0
 2     2 M     l           20    14    70       0
 3     1 M     r           14    14    62       0
 4     2 F     r           12    10    77       4
 5     2 M     r           30    10    69       0
 6     1 M     r           19     5    72       0
 7     1 M     r           20    12    75       0
 8     1 F     r           20     6    58       6
 9     1 M     r           14     7    61       0
10     1 F     r           12     6    56       2
```

다음은 across() 함수를 이용하여 ExerciseHours_tbl에서 학년별로 변수 Exercise와 TV의 평균을 계산하는 예를 나타낸다.

학년별로 변수 Exercise와 TV의 평균 계산

```
> ExerciseHours_tbl %>%
+   group_by(Year) %>%
+   summarise(across(c(Exercise, TV), ~ mean(.x, na.rm = TRUE)))
# A tibble: 4 x 3
   Year Exercise    TV
  <int>    <dbl> <dbl>
1     1     12.3  4.82
2     2     10.9  6.22
3     3      5.2  2
4     4      7.4  3.2
```

dplyr 결합함수

R에서 merge() 함수를 활용해서 데이터프레임 결합할 수 있으나 dplyr 패키지에는 개선된 *_join() 함수를 이용하여 두 개의 데이터프레임을 수평 결합할 수 있다. *_join() 함수의 사용형식은 다음과 같다.

- inner_join(): 두 개의 데이터프레임에 있는 겹치는 행 포함
- full_join(): 두 개의 데이터프레임에 있는 행 모두 포함
- left_join(): 왼쪽 데이터프레임에 있는 행 모두 포함
- right_join(): 오른쪽 데이터프레임에 있는 행 모두 포함

베이스 R에 있는 merge() 함수는 기준 변수를 이용한 두 개 데이터프레임의 수평결합을 수행한다. 이때 두 개의 데이터프레임을 열 결합할 때 동일 key 값을 기준으로 결합한다. dplyr 패키지에는 두 개의 데이터프레임의 수평결합에서 어떤 행을 유지할 것인가에 따라 inner_join, full_join, left_join, right_join 등이 이용된다.

다음은 inner_join()의 사용 예를 설명한다. inner_join은 key 변수 "name"을 지정하여 양쪽 데이터프레임 x, y에 겹치는 행들만 추출해 결합 데이터프레임을 생성한다.

inner_join()

```
> library(tidyverse)
> df_1 <- data.frame(
+   name = c("Anna", "Bobby", "Cecillia"),
+   major = c("Mathematics", "Statistics", "DataScience")
+ )
> df_2 <- data.frame(
+   name = c("Bobby", "Cecillia", "Denny"),
+   language = c("R", "Python", "Java")
+ )
> df_1
      name       major
1     Anna Mathematics
2    Bobby  Statistics
3 Cecillia DataScience
> df_2
      name language
1    Bobby        R
```

```
2 Cecillia    Python
3    Denny      Java
> inner_join(df_1, df_2, by="name")
      name        major language
1    Bobby  Statistics        R
2 Cecillia DataScience   Python
```

다음은 full_join()의 사용 예를 설명한다. full join은 key 변수 "name"을 지정하여 양쪽 데이터프레임에 있는 모든 행을 추출해 결합 데이터프레임을 생성한다. 데이터를 결합하면서 x, y 중 어느 한쪽에 공통된 값을 가지는 관측값이 없을 때 해당 쪽을 NA로 채워 결합한다.

full_join()

```
> full_join(df_1, df_2, by="name")
      name        major language
1     Anna Mathematics     <NA>
2    Bobby  Statistics        R
3 Cecillia DataScience   Python
4    Denny         <NA>     Java
```

다음은 left_join()의 사용 예를 설명한다. left join은 왼쪽 데이터프레임 관측값은 모두 유지하고 새로운 변수 language가 추가되었다.

left_join()

```
> left_join(df_1, df_2, by="name")
      name        major language
1     Anna Mathematics     <NA>
2    Bobby  Statistics        R
3 Cecillia DataScience   Python
```

다음은 right_join()의 사용 예를 설명한다. right join은 오른쪽 데이터프레임 관측값은 모두 유지하고 새로운 변수 major가 추가되었다.

right_join()

```
> right_join(df_1, df_2, by="name")
      name       major language
1    Bobby  Statistics        R
2 Cecillia DataScience   Python
3    Denny        <NA>     Java
```

다음은 데이터프레임 df_1의 "name"과 데이터프레임 df_22의 "firstName"을 동일한 key 변수로 지정하여 inner_join()을 적용한 사용 예를 나타낸다.

동일한 key 변수

```
> df_1 <- data.frame(
+   name = c("Anna", "Bobby", "Cecillia"),
+   major = c("Mathematics", "Statistics", "DataScience")
+ )
> df_22 <- data.frame(
+   firstName = c("Bobby", "Cecillia", "Denny"),
+   language = c("R", "Python", "Java")
+ )
> inner_join(df_1, df_22, by = c("name"="firstName"))
      name       major language
1    Bobby  Statistics        R
2 Cecillia DataScience   Python
```

3.5 readr 패키지에 의한 데이터 가져오기와 내보내기

readr 패키지는 데이터과학을 위한 tidyverse에 속한 패키지 중 하나로 기본 R의 함수 read.table(), read.csv(), write.csv() 등에 비해 처리 속도가 빠르고, 사용하기 쉽고, 직관적이다는 점에서 유용하다. readr 패키지의 함수를 사용하여 여러 가지 형태의 외부 데이터 파일을 R로 가져오고 내보내는 방법을 설명한다.

함수 read_table()에 의한 텍스트 파일 가져오기

빈칸으로 구분된 5개의 변수로 구성된 텍스트 파일 readrData1.txt이 C:\readr 폴더에 저장되어 있다. 다음은 데이터 파일 readrData1.txt의 첫 행에 변수명이 있는 경우 read_table() 함수를 사용하여 티블을 생성하는 예제이다.

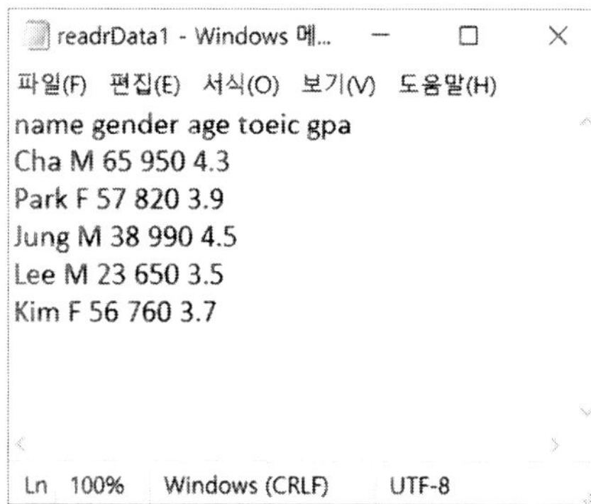

readrData1 - Windows 메...

파일(F) 편집(E) 서식(O) 보기(V) 도움말(H)

name gender age toeic gpa
Cha M 65 950 4.3
Park F 57 820 3.9
Jung M 38 990 4.5
Lee M 23 650 3.5
Kim F 56 760 3.7

Ln 100% Windows (CRLF) UTF-8

외부 텍스트 파일의 첫 행에 변수명이 있는 경우 R 환경으로 가져오기

```
> install.packages("readr")
> library(readr)
> read_table("C:/readr/readrData1.txt")

-- Column specification --------------------
cols(
  name = col_character(),
  gender = col_character(),
  age = col_double(),
  toeic = col_double(),
  gpa = col_double()
)

# A tibble: 5 x 5
  name  gender   age toeic   gpa
  <chr> <chr>  <dbl> <dbl> <dbl>
1 Cha   M         65   950   4.3
2 Park  F         57   820   3.9
3 Jung  M         38   990   4.5
4 Lee   M         23   650   3.5
5 Kim   F         56   760   3.7
```

- read_table() 함수의 반환 결과는 티블이다.
- read_table() 함수는 입력 데이터를 읽고 각 변수의 유형을 문자형, 정수형, 실수형, 요인 등으로 판단한다.

read_table() 함수의 인수 col_types = "cfddd"에 변수의 유형을 직접 지정하여 R 환경으로 가져온다.

read_table() 함수의 인수 col_types

```
> read_table("C:/readr/readrData1.txt", col_types = "cfddd")
# A tibble: 5 x 5
  name  gender   age toeic   gpa
  <chr> <fct>  <dbl> <dbl> <dbl>
1 Cha   M         65   950   4.3
2 Park  F         57   820   3.9
3 Jung  M         38   990   4.5
4 Lee   M         23   650   3.5
5 Kim   F         56   760   3.7
```

- 인수 col_types을 이용하여 name 변수는 c(문자형), gender는 f(팩터), age는 d(실수형), toeic은 d(실수형), gpa는 d(실수형)로 지정한다.

외부 데이터 파일 readrData2.txt의 첫 행에 변수명이 없는 경우 인수 col_names = FALSE를 이용하여 R의 환경으로 가져온다.

read_table() 함수의 인수 col_names = FALSE

```
> read_table("C:/readr/readrData2.txt", col_names = FALSE)

-- Column specification ----------------------------------
cols(
  X1 = col_character(),
  X2 = col_character(),
  X3 = col_double(),
  X4 = col_double(),
  X5 = col_double()
)
```

```
# A tibble: 5 x 5
  X1    X2       X3    X4    X5
  <chr> <chr> <dbl> <dbl> <dbl>
1 Cha   M        65   950   4.3
2 Park  F        57   820   3.9
3 Jung  M        38   990   4.5
4 Lee   M        23   650   3.5
5 Kim   F        56   760   3.7
```

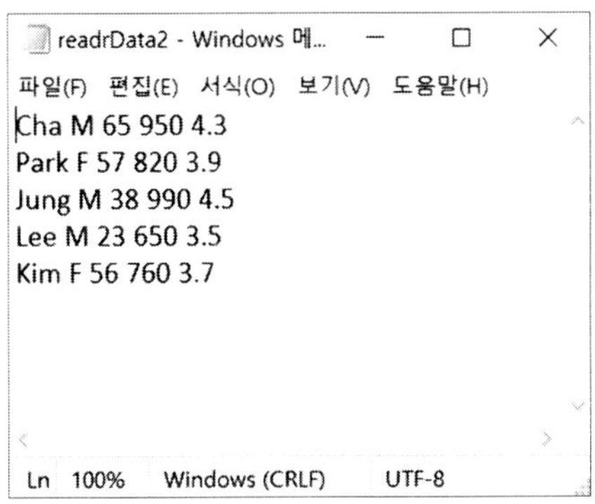

- 폴더 C:\readr에 5개의 변수에 대한 데이터가 파일 readrData2.txt에 저장되어 있다. 데이터 파일의 첫 행에 변수명이 없는 경우 read_table() 함수에서 인수 col_names=FALSE를 이용하여 데이터를 가져온다. 이때 변수명은 자동으로 X1, X2, X3, X4, X5로 생성된다.

외부 데이터 파일 readrData2.txt의 첫 행에 변수명이 없는 경우는 인수 col_names를 이용하여 변수명을 지정할 수 있다.

read_table() 함수의 인수 col_names 지정

```
> read_table("C:/readr/readrData2.txt",
+              col_names = c("name", "gender","age", "toeic", "gpa"))

-- Column specification ----------------------------------------------
cols(
  name = col_character(),
  gender = col_character(),
  age = col_double(),
  toeic = col_double(),
```

```
  gpa = col_double()
)

# A tibble: 5 x 5
  name  gender   age toeic   gpa
  <chr> <chr>  <dbl> <dbl> <dbl>
1 Cha   M         65   950   4.3
2 Park  F         57   820   3.9
3 Jung  M         38   990   4.5
4 Lee   M         23   650   3.5
5 Kim   F         56   760   3.7
```

데이터 파일 readrData3.txt에 주석이 있는 경우 인수 comment = “#”을 지정하여 이용하여 R의 환경으로 가져온다.

read_table() 함수의 인수 comment = “#” 지정

```
> read_table("C:/readr/readrData3.txt", comment = "#")

-- Column specification ------------------------------------------------
cols(
  name = col_character(),
  gender = col_character(),
  age = col_double(),
  toeic = col_double(),
  gpa = col_double()
)

# A tibble: 5 x 5
  name  gender   age toeic   gpa
  <chr> <chr>  <dbl> <dbl> <dbl>
1 Cha   M         65   950   4.3
2 Park  F         57   820   3.9
3 Jung  M         38   990   4.5
4 Lee   M         23   650   3.5
5 Kim   F         56   760   3.7
```

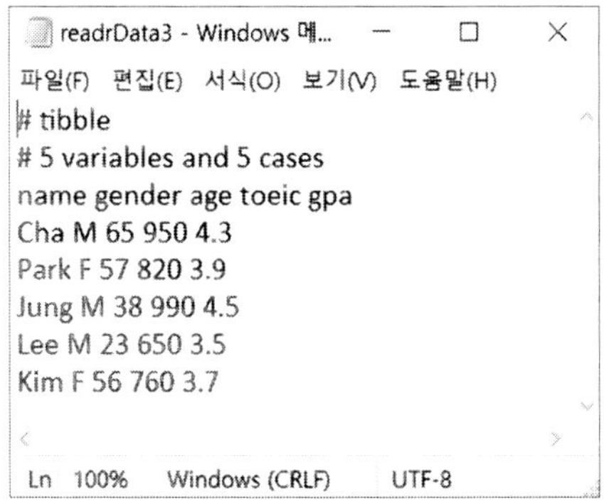

readrData3 - Windows 메...
파일(F) 편집(E) 서식(O) 보기(V) 도움말(H)
tibble
5 variables and 5 cases
name gender age toeic gpa
Cha M 65 950 4.3
Park F 57 820 3.9
Jung M 38 990 4.5
Lee M 23 650 3.5
Kim F 56 760 3.7
Ln 100% Windows (CRLF) UTF-8

함수 read_csv()에 의한 csv 파일 가져오기

csv 파일은 콤마가 구분 기호로 사용된 파일로 IBM SPSS, Minitab, SAS, Excel 등의 거의 모든 통계 소프트웨어에서 csv 파일 형태로 저장할 수 있어서 호환성이 뛰어난 파일 형식이다. 첫 행에 변수명이 있는 텍스트 파일 readrData4.txt이 C:\readr 폴더에 아래와 같이 csv 형태의 파일 형태로 저장되어 있다. 다음은 함수 read_csv()에 의한 csv 파일 R의 환경으로 가져오기 방법을 설명한다.

함수 read_csv()에 의한 csv 파일 가져오기

```
> read_csv("C:/readr/readrData4.txt")
Rows: 5 Columns: 5

0s-- Column specification ------------------------------------------
Delimiter: ","
chr (2): name, gender
dbl (3): age, toeic, gpa

i Use 'spec()' to retrieve the full column specification for this data.
i Specify the column types or set 'show_col_types = FALSE' to quiet this message.
# A tibble: 5 x 5
  name  gender   age toeic   gpa
  <chr> <chr>  <dbl> <dbl> <dbl>
1 Cha   M         65   950   4.3
2 Park  F         57   820   3.9
3 Jung  M         38   990   4.5
4 Lee   M         23   650   3.5
5 Kim   F         56   760   3.7
```

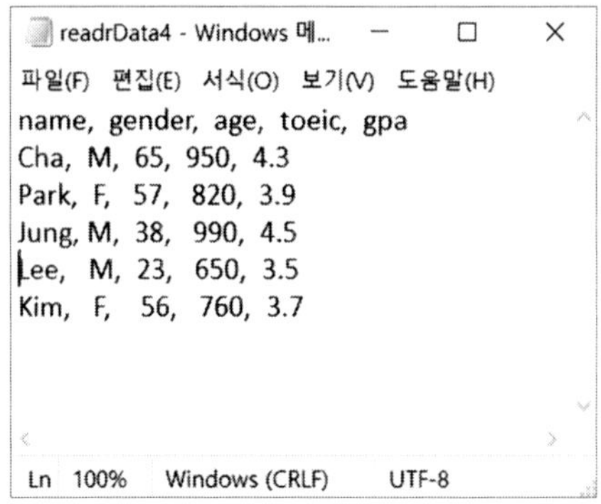

웹페이지에서 데이터 세트 가져오기

UCI Machine Learning Repository(archive.ics.uci.edu/ml/index.php)에서는 머신러닝 관련 수업에 활용 가능한 데이터 세트가 텍스트 파일의 형태로 공개되어 있다. 다음은 그 중 cpu-performance 데이터 세트를 R 환경으로 가져오는 코드이다. cpu-performance의 첫 줄에 변수명이 없었기 때문에 인수 col_names 지정한다.

웹페이지에 있는 데이터 세트 R 환경으로 가져오기

```
> machine.url <-
+   "http://archive.ics.uci.edu/ml/
+    machine-learning-databases/
+    cpu-performance/machine.data"
> read_csv(machine.url, col_names = c("vendorName", "ModelName", "MYCT",
+                                     "MMIN", "MMAX", "CACH", "CHMIN",
+                                     "CHMAX", "PRP", "ERP"))
Rows: 209 Columns: 10

 0s-- Column specification --------------------------------------------------------
Delimiter: ","
chr (2): vendorName, ModelName
dbl (8): MYCT, MMIN, MMAX, CACH, CHMIN, CHMAX, PRP, ERP

i Use 'spec()' to retrieve the full column specification for this data.
i Specify the column types or set 'show_col_types = FALSE' to quiet this message.
# A tibble: 209 x 10
   vendorName ModelName  MYCT  MMIN  MMAX  CACH CHMIN CHMAX   PRP   ERP
```

```
   <chr>     <chr>      <dbl> <dbl> <dbl> <dbl> <dbl> <dbl> <dbl> <dbl>
 1 adviser   32/60        125   256  6000   256    16   128   198   199
 2 amdahl    470v/7        29  8000 32000    32     8    32   269   253
 3 amdahl    470v/7a       29  8000 32000    32     8    32   220   253
 4 amdahl    470v/7b       29  8000 32000    32     8    32   172   253
 5 amdahl    470v/7c       29  8000 16000    32     8    16   132   132
 6 amdahl    470v/b        26  8000 32000    64     8    32   318   290
 7 amdahl    580-5840      23 16000 32000    64    16    32   367   381
 8 amdahl    580-5850      23 16000 32000    64    16    32   489   381
 9 amdahl    580-5860      23 16000 64000    64    16    32   636   749
10 amdahl    580-5880      23 32000 64000   128    32    64  1144  1238
# ... with 199 more rows
```

함수 write_csv()에 의한 csv 파일로 내보내기

R 환경에서 생성한 데이터 세트를 외부 파일로 내보내는 방법에 대해서 알아본다. 외부 파일로 내보내는 방법에서 데이터를 콤마로 구분하려면 write_csv(), 빈칸으로 구분하려면 write_delim(), 탭으로 구분하려면 write_tsv() 함수를 이용한다.

R에서 기본적으로 내장된 iris 데이터 세트를 외부 파일로 내보내는 방법에 대해서 알아본다.

iris 데이터 세트를 외부 파일로 내보내는 방법

```
> write_tsv(iris, “C:/readr/iris.tsv”
> write_delim(iris, “C:/readr/iris.txt”)
> write_csv(iris, “C:/readr/iris.csv”)
```

〈 iris.tsv 〉

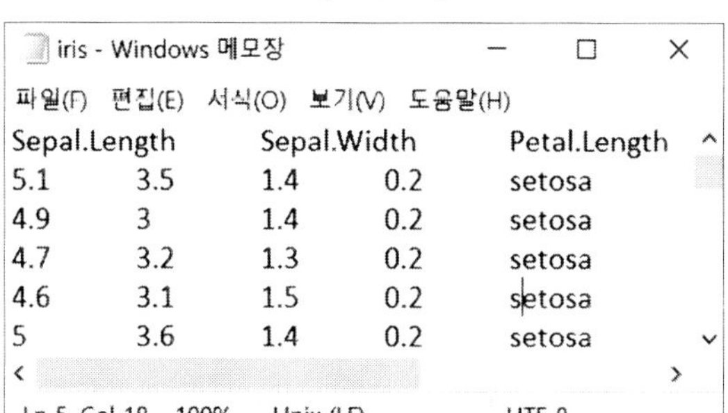

〈 iris.txt 〉

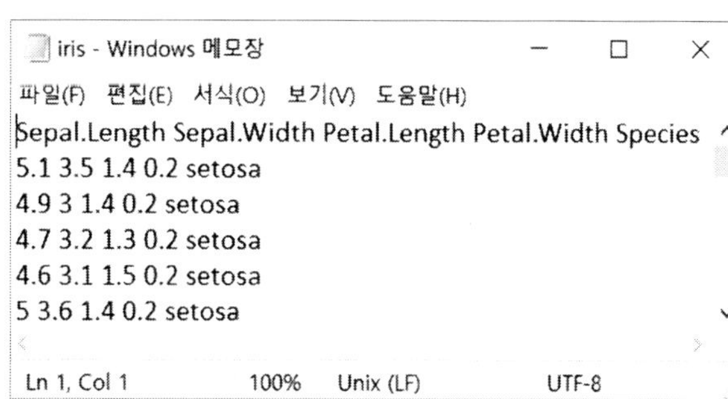

〈 iris.csv 〉

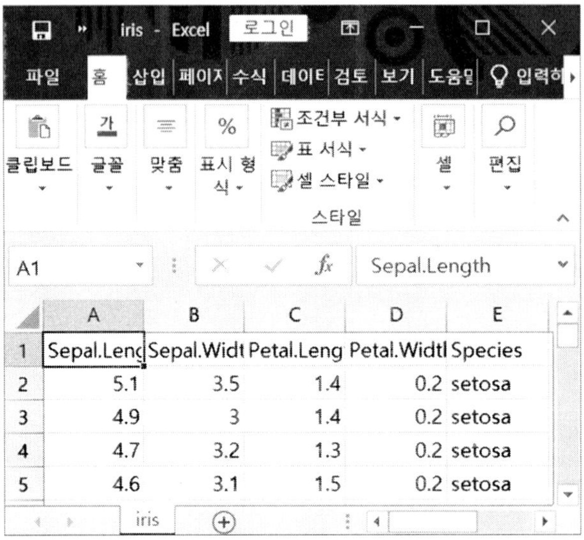
iris - Excel
로그인
파일
홈
삽입
페이지
수식
데이터
검토
보기
도움말
입력하
클립보드
글꼴
맞춤
표시 형식
조건부 서식
표 서식
셀 스타일
스타일
셀
편집
A1
Sepal.Length
Sepal.Leng Sepal.Widt Petal.Leng Petal.Widtl Species
5.1 3.5 1.4 0.2 setosa
4.9 3 1.4 0.2 setosa
4.7 3.2 1.3 0.2 setosa
4.6 3.1 1.5 0.2 setosa
iris

제 4 장

R 함수형 프로그래밍

4.1 내장함수와 사용자 정의 함수

함수는 특정한 작업을 독립적으로 수행하는 프로그램의 집합체이다. R에는 기본적으로 제공하는 내장함수와 사용자가 직접 원하는 함수를 생성하는 사용자 정의 함수로 구성되어 있다.

다음은 여러 가지 내장함수와 이에 대한 사용 예를 설명하고 있다.

head(), str(), summary(), mean(), median(), sd(), rnorm()

내장함수 사용 예

```
> x <- 1:10
> mean(x); median(x); sd(x)
[1] 5.5
[1] 5.5
[1] 3.02765
> summary(x)
   Min. 1st Qu.  Median    Mean 3rd Qu.    Max. 
   1.00    3.25    5.50    5.50    7.75   10.00 
> x[3] <- NA
> mean(x, na.rm = TRUE)
[1] 5.777778
> rnorm(5)
[1]  0.9894623  0.7141838 -0.5092161 -0.2947410  1.1044192
```

- mean(), median(), sd()는 각각 평균, 중위수, 표준편차를 계산하는 R의 내장함수이다.
- summary()는 요약 통계량을 계산하는 R의 내장함수이다.
- rnorm()은 표준정규분포를 따르는 난수를 생성하는 내장함수이다.

사용자 정의 함수는 다음과 같이 정의할 수 있다.

```
함수명 <- function(인수, ...) {
        계산식1
        계산식2
        return(반환값)
}
```

- 계산식이 한 줄이면 함수는 중괄호를 생략해도 된다.
- R에서는 return()을 사용하여 반환 값을 반환할 수 있다. return이 없는 경우 마지막 문장의 실행 결과가 반환된다. 이때 마지막 문장이 할당문인 경우 아무것도 반환되지 않는다.
- 가변 인수는 생략부호(…)로 표현한다. 함수를 정의할 때 인수 목록에 생략부호를 넣어주면 가변 인수를 사용하겠다는 것이다. 사용자가 함수에 전달할 인수의 개수를 미리 알지 못하는 경우 가변 인수를 이용하면 편리하다.

입력된 두 변수의 차이를 계산하는 사용자 정의 함수이다. 아래 사용자 정의 함수 myMinus는 동일한 결과를 반환한다.

사용자 정의 함수 예

```
> myMinus <- function(x, y) {
+   x - y
+ }
> myMinus <- function(x, y) {
+   return(x - y)
+ }
> myMinus <- function(x, y) x – y

> myMinus(100, 23)
[1] 77
> myMinus(x=100, y=23)
[1] 77
```

다음은 화씨온도를 입력하여 섭씨온도로 변경하는 사용자 정의 함수이다.

화씨온도를 섭씨온도로 변경하는 사용자 정의 함수

```
> FahrenheitToCelsius <- function(x) {
+   celsius = (5 / 9) * (x - 32)
+   return(celsius)
+ }
> x <- c(32, 50, 100)
> FahrenheitToCelsius(x)
[1]  0.00000 10.00000 37.77778
```

다음은 결측치가 있는 경우 가변 인수를 사용하여 평균을 계산하는 사용자 정의 함수이다.

가변 인수를 사용하여 평균을 계산하는 사용자 정의 함수

```
> errorMean <- function(x) mean(x)
> x <- c(1,2,3,NA,NA)
> errorMean(x)
[1] NA

> myMean <- function(x, ...) mean(x, ...)
> x <- c(1,2,3,NA,NA)
> myMean(x, na.rm=TRUE)
[1] 2
```

- 함수 errorMean() 안에 있는 함수 mean(x)을 계산하면 결측치 때문에 결과가 NA로 출력된다.
- 위 문제를 해결하기 위해 함수 function(x, ...), mean(x, ...)에 가변 인수를 사용하여 사용자 정의 함수 myMean을 정의한다. 가변 인수를 사용하면 사용자 정의 함수에서 사용하지 않았던 인수 na.rm=TRUE를 추가하여 사용할 수 있어 유연성이 높아지는 효과가 있다.

다음은 결측치가 있는 경우 가변 인수를 이용하여 평균, 중위수, 최댓값, 최솟값, 분산을 계산하는 프로그램이다.

가변 인수를 이용한 평균, 중위수, 최댓값, 최솟값, 분산을 계산

```
> descStat <- function(x, ...) {
+   a = mean(x, ...)
+   b = median(x, ...)
+   c = max(x, ...)
+   d = min(x, ...)
+   e = var(x, ...)
+   return(c(mean=a, median=b, max=c, min=d, variance=e))
+ }
> descStat(c(1, 2, 3, NA, NA), na.rm=TRUE)
    mean   median      max      min variance
       2        2        3        1        1
```

- 사용자가 함수에 전달할 데이터가 결측치를 포함하는지를 미리 알지 못할 때 가변 인수를 활용하여 사용자 정의 함수를 정의하면 편리하다.

4.2 기본 R 프로그래밍

if 문

단순 if 문은 조건이 TRUE이면 다음에 있는 실행문을 수행하는 조건문이다. 실행문이 여러 개일 경우는 중괄호를 사용한다. 단순 if 문의 사용형식은 다음과 같다.

- if(조건) 단일 실행문
- if(조건) { 여러 개의 실행문 }

다음은 if 문을 이용하여 x의 값이 1이면 "Welcome to R World"를 출력하는 프로그램이다.

단순 if 문

```
> x <- 1
> if(x == 1) print("Welcome to R World")
[1] "Welcome to R World"
```

양자택일 if 문의 사용형식은 다음과 같다.

- if(조건) { 실행문1
  } else { 실행문2
  }

다음은 양자택일을 수행하는 if 문에 대한 예를 나타내는 프로그램으로 x가 60보다 크거나 같으면 "Pass", 그렇지 않으면 "Fail"을 출력한다.

양자택일 if 문

```
> x <- 50
> if(x >= 60) {
+   print("Pass")
+ } else {
```

```
+   print("Fail")
+ }
[1] "Fail"
```

다중택일 if 문의 사용형식은 다음과 같다.

- if(조건1) { 실행문1
  } elseif(조건2) {
    실행문2
  } elseif(조건3) {
    실행문3
  ...
  } else { 실행문n }

다음은 다중택일 if 문을 이용하여 x가 90 이상이면 "Excellent", 70 이상이고 90 미만이면 "Good", 그렇지 않으면 "Bad"를 출력하는 예제를 나타낸다.

다중택일 if 문

```
> x <- 50
> if(x >= 90) {
+   print("Excellent")
+ } else if(x >=70) {
+   print("Good")
+ } else {
+   print("Bad")
+ }
[1] "Bad"
```

ifelse 문

ifelse 문의 사용형식은 다음과 같다.

- ifelse(x, 실행문1, 실행문2)

여기서 ifelse() 함수는 x가 TRUE이면 실행문1을 수행하고 FALSE이면 실행문2를 수행한다.

ifelse 문을 이용하여 x가 짝수(x %% 2 == 0)일 때는 "even", 그렇지 않으면 "odd"를 출력한다.

ifelse 문

```
> x <- c(11, 67, 88, 32, 17)
> ifelse(x %% 2 == 0, "even", "odd")
[1] "odd"  "odd"  "even" "even" "odd"
```

다음은 ifelse 문을 이용하여 벡터 score의 원소가 결측치일 때 0으로 처리하는 예제이다.

결측치의 0점 처리

```
> score <- c(90, 80, 70, 50, NA, 60)
> score <- ifelse(is.na(score), 0, score)
> score
[1] 90 80 70 50  0 60
```

switch 문

switch 문은 조건이 많을 때 코드를 간결하게 표현하기 위해서 사용한다. switch 문의 사용형식은 다음과 같다.

- switch(지시값, 지시값1 = 실행문1, 지시값2 = 실행문2, ...)

여기서 지시값을 직접 텍스트로 입력하거나 숫자를 입력하면 해당 텍스트 또는 순서에 있는 실행문이 수행된다.

다음은 switch 문을 이용하여 x의 평균, 중위수, 최댓값, 최솟값을 출력하는 프로그램을 나타낸다.

switch 문을 이용한 평균, 중위수, 최댓값, 최솟값 계산

```
> descStat <- function(x, type) {
+   switch(type,
+          Mean = mean(x),
+          Median = median(x),
+          Max = max(x),
```

```
+           Min = min(x)
+    )
+ }
> x <- 1:10
> descStat(x, "Mean")
[1] 5.5
> descStat(x, "Median")
[1] 5.5
> descStat(x, 3)
[1] 10
> descStat(x, 4)
[1] 1
```

for 문

for 문은 입력된 벡터의 길이만큼 반복 실행하는 구문이다. for() 함수의 사용형식은 다음과 같다.

- for (x in 벡터) {
    실행문
  }

다음은 반복문 for 문을 이용하여 1부터 10까지의 합을 출력하는 프로그램이다.

for 문을 이용하여 1부터 10까지의 합을 출력

```
> sum <- 0
> for(i in 1:10) {
+    sum <- sum + i
+ }
> print(sum)
[1] 55
```

다음은 for 문을 사용하여 각각 평균(1, 2, 3, 4, 5)이고, 표준편차 0.1인 정규분포를 따르는 난수를 100개씩 발생시켜 평균을 계산하는 프로그램이다.

for 문의 활용

```
> set.seed(1234567)
> mu <- 1:5
> myNorm <- vector("double", length(mu))
> for(i in seq_along(myNorm)){
+   myNorm[i] <- mean(rnorm(n=100, mean=mu[i], sd=0.1))
+ }
> myNorm
[1] 0.9922877 1.9991850 3.0050602 4.0025701 5.0050557
```

- 동일한 난수를 사용하고 싶다면 set.seed()를 통해 고정된 난수를 생성한다.
- 함수 vector("double", length(mu))를 이용하여 벡터의 유형(실수형)과 길이를 지정하여 초기화한다.
- 평균이 1, 2, 3, 4, 5이고 동일한 표준편차 0.1인 정규분포를 따르는 난수를 각각 100개씩 발생시켜 평균을 계산하고 그 결과를 벡터 myNorm에 저장한다.

4.3 apply 함수 계열

함수형은 함수를 입력 변수로 받는 함수를 의미한다. 동일한 작업이 루프 연산 없이 할 수 있는 좋은 방법이 R 함수형 프로그래밍(R functional programming)이다. 함수형 프로그래밍으로 코드를 작성하게 되면 간결하고 유지 보수가 쉬워진다.

다음은 함수형 summaryFn을 생성한 예제를 나타낸다. summaryFn()에 인수로 함수 mean, sd, summary가 입력된 것을 알 수 있다.

R 함수형 프로그래밍 예

```
> summaryFn <- function(x, fun) fun(x)
> x <- 1:100
> summaryFn(x, mean)
[1] 50.5
> summaryFn(x, sd)
[1] 29.01149
> summaryFn(x, summary)
   Min. 1st Qu.  Median    Mean 3rd Qu.    Max.
   1.00   25.75   50.50   50.50   75.25  100.00
```

apply 계열 함수 sapply(), lapply(), apply(), tapply()는 R 함수형의 일종이다. 이를 사용하면 for 루프 없이 결과를 쉽게 얻을 수 있고 데이터 원소들에 대하여 반복적으로 동일한 작업을 쉽게 수행할 수 있다.

lapply()와 sapply() 함수

lapply() 함수는 데이터를 리스트 또는 벡터로 입력받아 각 요소에 대하여 함수를 적용하고, 그 결과는 리스트로 반환한다. 반면에 sapply() 함수의 반환 값은 lapply() 함수와 같은데 그 결과는 벡터 또는 행렬로 반환한다.

lapply()와 sapply() 함수의 사용형식에 대한 설명은 다음과 같다.

- lapply(X, FUN)
- sapply(X, FUN)

여기서 X: 데이터 객체로 리스트 또는 벡터이다.
FUN : 적용할 함수를 지정한다.

다음은 lapply()와 sapply()에서 mean과 summary를 적용한 예제를 나타낸다.

lapply()와 sapply()에서 mean과 summary를 적용

```
> x <- list(a = 1:10, b = 1:100)
> lapply(x, mean)
$a
[1] 5.5
$b
[1] 50.5

> sapply(x, mean)
   a     b
 5.5  50.5
> lapply(x, summary)
$a
   Min. 1st Qu.  Median    Mean 3rd Qu.    Max.
   1.00    3.25    5.50    5.50    7.75   10.00
$b
   Min. 1st Qu.  Median    Mean 3rd Qu.    Max.
   1.00   25.75   50.50   50.50   75.25  100.00
> is.list(lapply(x, summary))
```

```
[1] TRUE
> sapply(x, summary)
            a      b
Min.     1.00   1.00
1st Qu.  3.25  25.75
Median   5.50  50.50
Mean     5.50  50.50
3rd Qu.  7.75  75.25
Max.    10.00 100.00
> is.matrix(sapply(x, summary))
[1] TRUE
```

- lapply(x, mean)는 리스트 데이터의 각 요소에 대하여 함수 mean을 적용하고 그 결과는 리스트로 반환한다.
- sapply(x, mean)는 리스트 데이터의 각 요소에 대하여 함수 mean을 적용하고 그 결과는 벡터로 반환한다.
- lapply(x, summary)는 리스트 데이터의 각 요소에 대하여 함수 summary를 적용하고 그 결과는 리스트로 반환한다.
- sapply(x, summary)는 리스트 데이터의 각 요소에 대하여 함수 summary를 적용하고 그 결과는 행렬로 반환한다.

lapply()와 sapply() 함수를 벡터에 적용한 예는 다음과 같다.

lapply()와 sapply() 함수를 벡터에 적용

```
> x <- c("Jung", "Cha", "Park")
> lapply(x, nchar)
[[1]]
[1] 4

[[2]]
[1] 3

[[3]]
[1] 4

> sapply(x, nchar)
Jung  Cha Park
   4    3    4
```

- lapply(x, nchar)는 벡터의 각 원소에 대하여 함수 nchar을 적용하고 그 결과는 리스트로 반환한다.
- sapply(x, nchar)는 벡터의 각 원소에 대하여 함수 nchar을 적용하고 그 결과는 벡터로 반환한다.

R 함수형 프로그래밍을 이용하여 함수 myClass()를 생성하고, 함수 sapply()와 비교한다. 함수 myClass()와 sapply()는 동일한 작업을 수행한다는 것을 알 수 있다.

함수형 프로그래밍과 sapply() 함수의 비교

```
> library(tidyverse)
> library(Lock5Data)
> ExerciseHours_tbl <- as_tibble(ExerciseHours)
> myClass <- vector("character", length(ExerciseHours_tbl))
> for(i in seq_along(myClass)){
+   myClass[i] <- class(ExerciseHours_tbl[[i]])
+ }
> names(myClass) <- names(ExerciseHours_tbl)
> myClass
     Year        Sex       Hand  Exercise         TV      Pulse    Pierces
"integer"   "factor"   "factor" "integer" "integer" "integer" "integer"
> sapply(ExerciseHours_tbl, class)
     Year        Sex       Hand  Exercise         TV      Pulse    Pierces
"integer"   "factor"   "factor" "integer" "integer" "integer" "integer"
```

apply() 함수

apply() 함수는 행렬 혹은 배열에 인수 MARGIN으로 함수를 적용해 그 결과를 벡터, 행렬 또는 리스트로 반환한다. 데이터프레임도 구성하는 원소들이 모두 동일한 유형일 때는 apply()를 적용할 수 있다.

apply() 함수의 사용형식과 인수에 대한 설명은 다음과 같다.

- apply(X, MARGIN, FUN)

여기서 X: 데이터 객체로 행렬 또는 배열이다.

MARGIN: 만약 X가 행렬일 때 1은 행에 함수를 적용하고, 2는 열에 함수를 적용한다.

FUN: 적용할 함수를 지정한다.

다음은 apply() 함수를 행렬 데이터에 적용한 예제를 나타낸다.

apply() 함수 적용

```
> mat <- matrix(1:6, ncol=3)
> mat
     [,1] [,2] [,3]
[1,]    1    3    5
[2,]    2    4    6
> apply(X=mat, MARGIN = 1, FUN = sum)
[1]  9 12
> apply(X=mat, MARGIN = 2, FUN = sum)
[1]  3  7 11
```

- apply(X=mat, MARGIN = 1, FUN = sum)는 행렬 mat에 대하여 행 방향으로 합을 계산한다.
- apply(X=mat, MARGIN = 2, FUN = sum)는 행렬 mat에 대하여 열 방향으로 합을 계산한다.

다음은 결측치가 있는 경우 apply() 함수를 적용한 예제를 나타낸다.

결측치가 있는 경우 apply() 함수 적용

```
> mat[2,3] <- NA
> mat
     [,1] [,2] [,3]
[1,]    1    3    5
[2,]    2    4   NA
> apply(X=mat, MARGIN = 1, FUN = sum)
[1]  9 NA
> apply(X=mat, MARGIN = 1, FUN = sum, na.rm = TRUE)
[1] 9 6
```

- 행렬의 한 원소값을 NA로 변경하고, apply() 함수의 결과를 확인하면 두 번째 행의 합은 NA가 됨을 알 수 있다.
- 인수 na.rm = TRUE를 사용하면 NA를 제외하고 함수 sum을 적용한 결과를 보여준다.

다음은 표준정규분포에서 난수를 발생시켜 행렬을 생성하고 apply() 함수를 이용하여 열 방향으로 최솟값을 계산하는 예제를 나타낸다.

apply() 함수 활용

```
> mat <- matrix(rnorm(15), ncol=5)
> mat
          [,1]       [,2]        [,3]       [,4]      [,5]
[1,] 0.6832094  1.5536154 -1.53972664  0.6339267 -1.002585
[2,] 0.8905263 -0.6581784  0.08040494 -0.7240176 -0.839426
[3,] 0.8414233  2.0777138 -0.02883749 -0.4798118 -1.276559
> apply(X=mat, MARGIN = 2, FUN = min)
[1]  0.6832094 -0.6581784 -1.5397266 -0.7240176 -1.2765587
```

- matrix(rnorm(15), ncol=5)는 표준정규분포에서 난수를 15개 발생시켜 3x5 행렬 mat을 생성하고 apply(X=mat, MARGIN = 2, FUN = min) 함수를 이용하여 열 방향으로 최솟값을 계산한다.

다음은 apply() 함수를 데이터프레임에 적용한 예제를 나타낸다.

apply() 함수를 데이터프레임에 적용

```
> class(iris[1:4])
[1] "data.frame"
> apply(X = iris[1:4], MARGIN = 2, FUN = mean)
Sepal.Length  Sepal.Width Petal.Length  Petal.Width
    5.843333     3.057333     3.758000     1.199333
> apply(X = iris[1:4], MARGIN = 2, FUN = summary)
        Sepal.Length Sepal.Width Petal.Length Petal.Width
Min.        4.300000    2.000000        1.000    0.100000
1st Qu.     5.100000    2.800000        1.600    0.300000
Median      5.800000    3.000000        4.350    1.300000
Mean        5.843333    3.057333        3.758    1.199333
3rd Qu.     6.400000    3.300000        5.100    1.800000
Max.        7.900000    4.400000        6.900    2.500000
```

- class(iris[1:4])를 이용하여 iris[1:4]는 데이터프레임을 알 수 있다.
- apply(X = iris[1:4], MARGIN = 2, FUN = mean)는 열 방향으로 평균을 계산한다.

- apply(X = iris[1:4], MARGIN = 2, FUN = summary)는 열 방향으로 함수 summary를 이용하여 요약 통계량(최솟값, 제1사분위수, 중위수, 평균, 제3분위수, 최댓값)을 계산한다. 함수 summary( )를 수치형 벡터에 적용하면 요약 통계량을 계산하고, 문자형 벡터에 적용하면 벡터의 길이, 속성, 유형을 출력하고, 범주형 변수에 적용하면 빈도를 계산한다.

tapply() 함수

tapply()는 요인의 수준(INDEX) 별로 분리하여 함수를 적용하고 그 결과를 반환한다. tapply() 함수의 사용형식과 인수에 대한 설명은 다음과 같다.

- tapply(X, INDEX, FUN)

여기서 X: 데이터 객체이다.
INDEX: 데이터 객체와 길이와 같고 데이터가 어느 수준에 속하는지를 표현하기 위한 범주형 데이터이다.
FUN: 적용할 함수를 지정한다.

iris 데이터 세트에서 tapply() 함수를 이용하여 붓꽃의 종류(Species)에 따라 꽃잎의 길이(Petal.Length)에 대한 평균과 요약 통계량을 구하는 예제이다.

iris 데이터 세트에서 tapply() 함수를 적용

```
> tapply(iris$Petal.Length, iris$Species, mean)
    setosa versicolor  virginica
     1.462      4.260      5.552
> tapply(iris$Petal.Length, iris$Species, summary)
$setosa
   Min. 1st Qu.  Median    Mean 3rd Qu.    Max.
  1.000   1.400   1.500   1.462   1.575   1.900

$versicolor
   Min. 1st Qu.  Median    Mean 3rd Qu.    Max.
   3.00    4.00    4.35    4.26    4.60    5.10

$virginica
   Min. 1st Qu.  Median    Mean 3rd Qu.    Max.
  4.500   5.100   5.550   5.552   5.875   6.900
```

R에서 Cars93 데이터 세트를 사용하기 위해서는 MASS 패키지를 설치하고 로드 해야 한다. Cars93 데이터 세트는 1993년 미국에서 판매 중인 93대의 자동차의 성능을 알아보기 위해 조사한 데이터로 제조사, 모델, 자동차 유형, 자동차 가격, 수입차 여부 등 27개 변수로 구성되어 있다.

다음은 tapply() 함수를 이용하여 Cars93 데이터 세트에서 자동차 유형(Type)과 수입차 여부(Origin)에 따라 자동차 평균 가격을 구하는 예제이다.

Cars93 데이터 세트에서 tapply() 함수를 적용

```
> install.packages("MASS")
> library(MASS)
> tapply(Cars93$Price, Cars93$Type, mean)
 Compact    Large  Midsize    Small   Sporty      Van
18.21250 24.30000 27.21818 10.16667 19.39286 19.10000
> tapply(Cars93$Price, Cars93$Origin, mean)
     USA  non-USA
18.57292 20.50889
```

- tapply(Cars93$Price, Cars93$Type, mean)은 자동차 유형(Type)에 따라 자동차 평균 가격을 구하는 프로그램이다.
- tapply(Cars93$Price, Cars93$Origin, mean)은 수입차 여부(Origin)에 따라 자동차 평균 가격을 구하는 프로그램이다.

4.4 purrr 패키지에 의한 함수형 프로그래밍

purrr 패키지는 타이디버스를 구동할 때 같이 불러오는 핵심 패키지 중 하나로 함수형 프로그래밍 도구이다. purrr 패키지의 기본이 되는 map() 함수는 리스트의 각 요소에 대해 특정 함수를 반복 적용하여 리스트로 반환한다.

purrr 패키지 안에 있는 map() 함수의 사용형식은 다음과 같다.

- map(.x, .f, ...)

여기서 .x: 벡터 혹은 리스트이다.
.f: 반복 적용할 함수이다.

...: 가변 인수이다.

map() 함수의 반환 값의 유형에 따라 다음과 같은 함수를 선택한다.

map 함수	반환 값의 유형
map()	리스트
map_dbl()	실수형 벡터
map_int()	정수형 벡터
map_chr()	문자형 벡터
map_lgl()	논리형 벡터
map_dfr()	데이터프레임

리스트 my_data를 구성하는 세 요소에 대하여 각각 함수 mean()을 적용한 결과는 다음과 같다. 첫 번째 mean() 함수의 반환 값은 1, 2, 3의 평균인 2가 반환되었고, 두 번째 반환 값은 1, 2, 3, 4, 5의 평균인 3이 반환되었고, 세 번째 반환 값은 1부터 10까지의 평균인 5.5가 반환되었다.

리스트 구성하는 요소에 대하여 mean() 함수 적용

```
> my_data <- list(1:3, 1:5, 1:10)
> my_data[[1]] %>% mean()
[1] 2
> my_data[[2]] %>% mean()
[1] 3
> my_data[[3]] %>% mean()
[1] 5.5
```

위 문제를 함수 map()과 map_dbl()을 각각 적용하면 다음과 같이 출력된다. map() 함수의 반환 값은 리스트로 반환되었다. map_dbl() 함수의 반환 값은 실수형 벡터로 반환된다는 것을 알 수 있다.

map()과 map_dbl() 함수 적용

```
> my_data %>% map(mean)
[[1]]
[1] 2

[[2]]
[1] 3

[[3]]
[1] 5.5

> my_data %>% map_dbl(mean)
[1] 2.0 3.0 5.5
```

함수 map_lgl()을 적용하면 다음과 같이 출력된다. map_lgl() 함수의 반환 값은 논리형 벡터로 반환된다는 것을 알 수 있다.

함수 map_lgl() 적용

```
> my_data %>% map_lgl(is.numeric)
[1] TRUE TRUE TRUE
```

다음은 함수 map()에서 사용자 정의 함수를 적용한 예를 나타낸다.

map() 함수에서 사용자 정의 함수 적용

```
> map(1:3, function(x) {x * 10})
[[1]]
[1] 10
[[2]]
[1] 20
[[3]]
[1] 30
```

lapply() 함수를 이용하여 3개의 요소로 구성된 리스트의 각 요소에 대하여 max 함수를 적용하면 다음과 같다.

lapply() 함수 적용

```
> theData <- list(
+   A = 5,
+   B = 1:3,
+   C = matrix(1:10, 2)
+   )
> lapply(theData, max)
$A
[1] 5

$B
[1] 3

$C
[1] 10
```

map() 함수를 이용하여 3개의 요소로 구성된 리스트의 각 요소에 대하여 max 함수를 적용해도 같은 결과를 얻는다.

map() 함수 적용

```
> theData %>% map(max)
$A
[1] 5

$B
[1] 3

$C
[1] 10
```

사용자 정의 함수 function(x)은 포뮬러(~)로 변경하고, 한 변수만 이용하는 함수에서는 x는 .x 변수로 변경할 수 있다. 이처럼 purrr 패키지에서 사용자 정의 함수의 장점은 함수를 알아보기 쉽게 줄여 쓸 수 있다는 것이다.

사용자 정의 함수를 포뮬러(~)로 변경

```
> map(1:3, function(x) {x * 10})
[[1]]
[1] 10

[[2]]
[1] 20

[[3]]
[1] 30

> map(1:3, ~ .x * 10)
[[1]]
[1] 10

[[2]]
[1] 20

[[3]]
[1] 30
```

map_dbl() 함수를 이용하여 데이터프레임 iris에 대한 Species를 제외한 변수의 평균을 계산한 예를 나타낸다. 이때 반환 값은 실수형 벡터임을 알 수 있다.

map_dbl() 함수를 이용한 데이터프레임 iris에 대한 변수의 평균 계산

```
> tibble(iris) %>%
+   select(-Species) %>%
+   map_dbl(mean)
Sepal.Length  Sepal.Width Petal.Length  Petal.Width
    5.843333     3.057333     3.758000     1.199333
```

map_dbl() 함수를 이용하여 데이터프레임 mtcars에 대한 변수 mpg, hp, wt의 평균을 계산한 예를 나타낸다.

map_dbl() 함수를 이용한 데이터프레임 mtcars의 변수에 대한 평균 계산

```
> mtcars %>%
+   select(c(mpg, hp, wt)) %>%
+   map_dbl(mean, na.rm = TRUE)
      mpg        hp        wt
 20.09062 146.68750   3.21725
```

제 5 장

ggplot2 데이터 시각화

5.1 ggplot2 패키지

RStudio의 수석 데이터과학자 Hadley Wickham에 의해 개발된 ggplot2 패키지는 데이터 시각화를 위한 가장 효과적인 시스템이다. ggplot2는 그래프 작성을 위한 일정한 문법을 근거로 한다. 이 장에서는 패키지 ggplot2를 이용하여 다양한 데이터 시각화 기법을 설명한다. 통합 패키지 tidyverse에 속한 ggplot2 패키지를 사용하기 위해서는 tidyverse를 설치하고 R 세션으로 불러들인다.

```
> install.packages("tidyverse")
> library(tidyverse)
```

패키지 ggplot2만을 사용할 때는 ggplot2를 설치하고 R 세션으로 불러들인다.

```
> install.packages("ggplot2")
> library(ggplot2)
```

ggplot2 패키지 실습에 사용할 데이터프레임 SalaryGender를 간단히 소개한다.

SalaryGender

SalaryGender는 패키지 Lock5Data에 있는 데이터프레임으로 교수의 연봉, 성별, 나이, 박사학위 취득 여부를 조사한 자료이다. 데이터프레임 SalaryGender는 100개의 관측치와 4개의 변수로 구성되어 있다.

변수명	속성	설명
Salary	실수형	연봉(단위 : $1,000)
Gender	정수형	성별(0=여자, 1=남자)
Age	정수형	나이
PhD	정수형	박사학위 취득 여부(0=미취득, 1=취득)

데이터프레임 SalaryGender를 사용하기 위하여 Lock5Data 패키지를 설치하고 R 세션으로 불러들인다.

```
> install.packages("Lock5Data")
> library(Lock5Data)
```

데이터프레임 SalaryGender의 구조를 살펴보자.

SalaryGender의 데이터 구조

```
> data("SalaryGender")
> str(SalaryGender)
'data.frame':    100 obs. of  4 variables:
 $ Salary: num  140 30 35.1 30 80 30 60 31.1 125 51 ...
 $ Gender: int  1 0 0 1 0 0 1 0 1 1 ...
 $ Age   : int  47 65 56 23 53 27 53 30 44 63 ...
 $ PhD   : int  1 1 0 0 1 0 0 0 1 1 ...
```

• Gender과 PhD의 자료 유형은 정수형이다.

Gender와 PhD를 이용해서 데이터를 시각화하기 위해서 Gender과 PhD를 팩터로 변환한다.

SalaryGender의 변수 Gender와 PhD 팩터로 변환

```
> SalaryGender <- within(SalaryGender, {
+      Gender <- factor(Gender, labels = c("female", "male"))
+      PhD <- factor(PhD, labels = c("noPhD", "havePhD"))
+    })
> str(SalaryGender)
'data.frame':    100 obs. of  4 variables:
 $ Salary: num  140 30 35.1 30 80 30 60 31.1 125 51 ...
 $ Gender: Factor w/ 2 levels "female","male": 2 1 1 2 1 1 2 1 2 2 ...
 $ Age   : int  47 65 56 23 53 27 53 30 44 63 ...
 $ PhD   : Factor w/ 2 levels "noPhD","havePhD": 2 2 1 1 2 1 1 1 2 2 ...
```

• within(), factor() 함수로 Gender와 PhD를 팩터로 변환하였다.

환경 설정

본문에 주어진 프로그램을 실행하기 위해서는 다음과 같은 기본적인 환경은 설정이 되어 있어야 한다. 다음과 같이 환경을 설정한 후에 본문에 나오는 프로그램을 실행해야 한다.

환경 설정

```
>install.packages(“tidyverse”)
>install.packages(“Lock5Data”)
>library(tidyverse)
>library(Lock5Data)
> SalaryGender <- within(SalaryGender, {
+   Gender <- factor(Gender, labels = c(“female”, “male”))
+   PhD <- factor(PhD, labels = c(“noPhD”, “havePhD”))
+ })
```

5.2 ggplot2에서 그래프 작성을 위한 기본 요소

패키지 ggplot2로 그래프를 작성하기 위해서 기본적으로 데이터프레임(dataframe), 기하객체(geometric object), 매핑(mapping) 등 3가지 요소가 필요하다. ggplot2 패키지를 이용해서 그래프를 작성하기 위해서 ggplot() 함수를 이용한다.

ggplot2 패키지에서 그래프 작성을 위한 기본 형식은 다음과 같다.

- ggplot(data = <데이터>, mapping = aes(<매핑>)) +
  <기하객체>(mapping = aes(<매핑>))

여기서 ggplot() 함수에서 사용하는 기본적인 데이터 구조는 데이터프레임으로 입력 요소 data에 지정한다. 매핑은 그래프를 인식할 때 필요한 시각적(aesthetics) 요소를 변수와 연결하는 것을 말한다. 입력 요소 mapping에 aes() 함수를 이용해서 매핑을 한다. 그래프의 시각적 요소는 그래프를 나타내는 속성으로 그래프의 축, 모양, 색깔, 크기 등을 말한다. 기하객체는 데이터를 그래프로 나타내기 위한 그래프의 종류를 나타낸다. geom_*() 함수로 나타낸다.

ggplot() 함수에 데이터프레임 SalaryGender을 지정하면 그래프를 작성할 수 있는 면이 나타난다. 파이프 연산자 %>%를 이용하여 동일한 그래프를 작성할 수 있다.

ggplot() 함수의 데이터 지정

```
ggplot(data = SalaryGender)

SalaryGender %>%
  ggplot()
```

- ggplot()함수에 데이터프레임 SalaryGender를 지정하면 그래프를 작성할 수 있는 면이 나타난다.
- 데이터프레임 SalaryGender와 ggplot() 함수를 %>%로 연결하면 그래프를 작성할 수 있는 면이 나타난다.

매핑

매핑은 그래프의 시각적 요소를 변수와 연결하는 것을 말한다. 매핑은 ggplot() 함수에 지정할 수도 있고, 기하객체에도 지정할 수 있다. ggplot() 함수에 지정된 매핑은 ggplot() 함수에 연결된 모든 기하객체에 적용되고, 기하객체에 지정된 매핑은 해당 기하객체에만 적용된다.

함수 ggplot()에 매핑 해보자. x축에 변수 Age, y축에 변수 Salary를 매핑 시켜보자.

ggplot() 함수에 매핑 지정

```
SalaryGender %>%
  ggplot(mapping = aes(x = Age, y = Salary )) +
  geom_point()
```

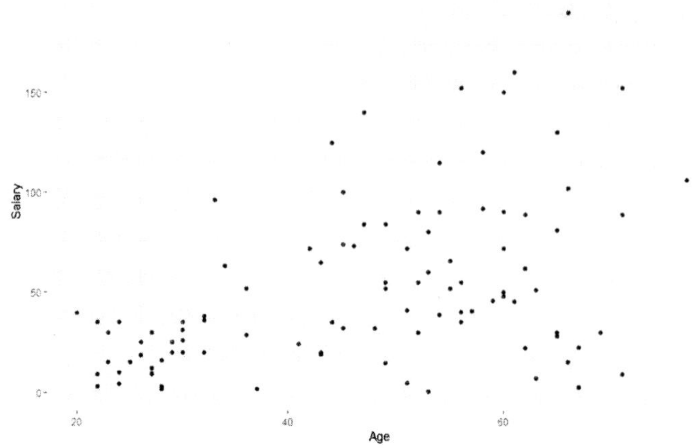

• 그래프 요소 중 x축에 변수 Age, y축에 변수 Salary를 매핑하면 그래프의 x축에 Age, y축에 Salary를 할당하고, geom_point()를 이용하여 산점도를 작성한다.

기하객체 geom_point()에 매핑 해보자. x축에 변수 Age, y축에 변수 Salary를 매핑 시켜보자.

기하객체 geom_point()에 매핑 지정

```
SalaryGender %>%
  ggplot() +
  geom_point(mapping = aes(x = Age, y = Salary))
```

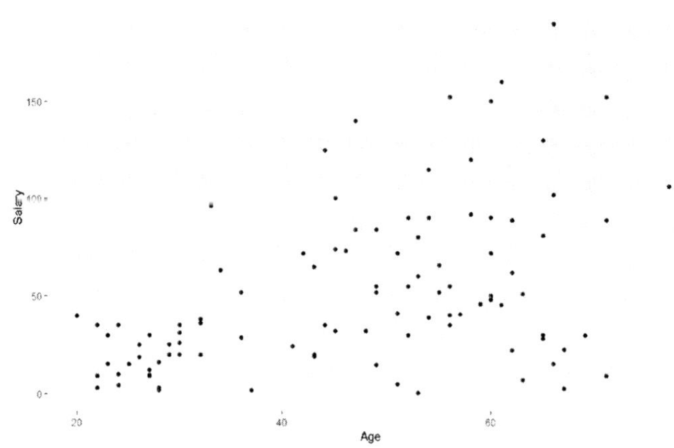

• 그래프 요소 중 x축에 변수 Age, y축에 변수 Salary를 매핑하면, 그래프의 x축에 Age, y축에 Salary를 할당하여 그래프를 작성한다.

• ggplot() 함수에 연결된 기하객체가 하나밖에 없으므로 gglot()의 매핑 결과와 기하객체의 매핑 결과가 같다.

ggplot()에서 매핑과 기하객체(geom_*)에서 매핑의 차이점을 살펴보자. ggplot2에서는 여러 개의 층(layer)이 연산자 +로 연결되어서 그래프가 작성된다. ggplot()에 선언된 매핑은 ggplot() 함수 다음에 연결된 모든 층에 적용된다. 그러나 기하객체에 선언된 매핑은 해당 기하객체에만 적용된다.

ggplot()에서 매핑과 기하객체에서 매핑의 차이점-ggplot() 매핑

```
SalaryGender %>%
  ggplot(mapping = aes(x = Age, y = Salary, color = PhD )) +
  geom_point() +
  geom_smooth(se=FALSE)
```

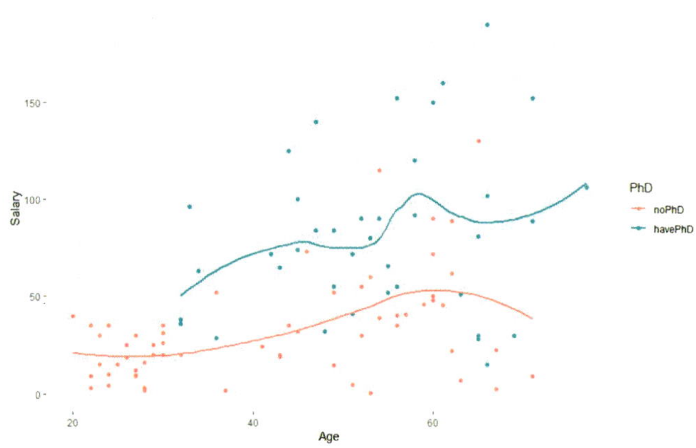

• ggplot()에 선언된 매핑 aes(x=Age, y=Salary, color=PhD)가 geom_point()와 geom_smooth()에 모두 적용되어, x축에 Age, y축에 Salary가 할당되고, PhD의 수준에 따라 점과 추세선의 색상이 다르게 그래프가 작성되었다. 시스템이 자동으로 noPhD는 붉은색, havePhD는 녹색으로 표시한다.

ggplot()에서 매핑과 기하객체에서 매핑의 차이점-기하객체 매핑

```
SalaryGender %>%
  ggplot(mapping = aes(x = Age, y = Salary)) +
  geom_point(aes(color = PhD)) +
  geom_smooth(se=FALSE)
```

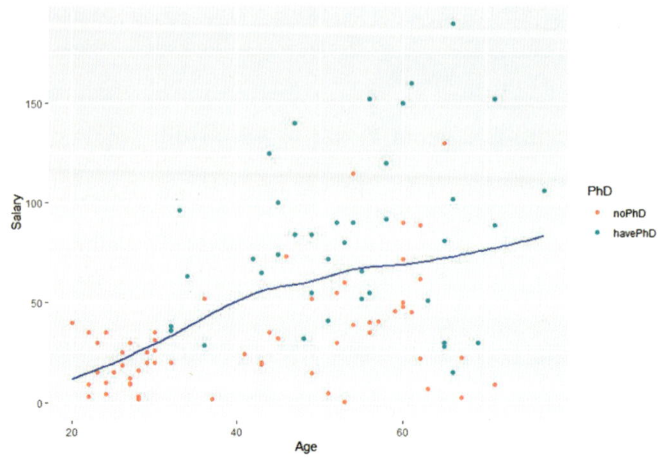

• geom_point()에 선언된 매핑 aes(color = PhD)은 geom_point()에만 적용되어 점의 색깔이 PhD의 수준에 따라 다르게 나타났다.
• geom_smooth()은 ggplot()에 선언된 매핑에 따라 하나의 추세선이 나타난다.

시각적 요소에 직접 값을 지정하기

그래프의 시각적 요소에 직접 값을 지정하여 그래프의 속성을 변경할 수 있다. 산점도의 점 색상, 모양 그리고 크기를 지정해보자.

산점도의 점 색상, 모양, 크기 조절하기

```
SalaryGender %>%
  ggplot(mapping = aes(x = Age, y = Salary)) +
  geom_point(shape = 19, color = "skyblue", size = 3)
```

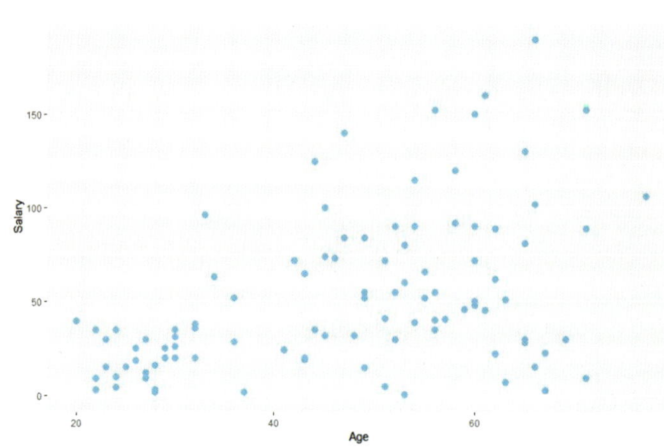

- shape=19로 지정해서 점 모양을 원으로, color="skyblue"로 지정해서 점 색상을 스카이블루로, size=3으로 해서 점 크기를 3으로 조절하였다.

기하객체

기하객체는 데이터를 그래프로 나타낼 때 그래프의 유형을 지정하는 부분이다. 막대그래프는 geom_bar(), 산점도는 geom_point(), 상자그림은 geom_boxplot(), 선 그래프는 geom_line(), 히스토그램은 geom_histogram() 등을 이용한다. 이외에도 ggplot2에서는 많은 기하객체를 제공한다.

5.3 팩터 수준에 따라 집단별로 그래프 작성하기

데이터 시각화에서 유용한 방법의 하나가 팩터 수준에 따라 집단별로 그래프를 작성해서 비교하는 것이다. 그룹별로 작성된 그래프를 비교해서 범주형 변수가 다른 변수에 끼치는 효과를 파악할 수 있다. 팩터 수준에 따라 집단별로 그래프를 작성하는 방법은 매핑을 이용하는 방법이 있다. 그리고 다른 방법은 팩터 수준에 따라 면을 분할하여 수준에 따라 분리된 데이터(서브 데이터)를 각 면에 그래프로 나타내는 방법이다. 시각적 요소 색깔(color)에 범주형 변수 PhD를 매핑 하여 PhD의 수준에 따라 색상을 다르게 하여 그래프가 작성된 것을 보았다. 여기서는 면을 분할하여 그래프를 작성하는 방법을 살펴본다. facet_wrap() 함수와 facet_grid() 함수를 이용하면 면 분할하여 그래프를 작성할 수 있다.

facet_wrap()

facet_wrap() 함수는 한 개의 범주형 변수를 이용하여 집단별로 그래프를 작성할 때 많이 사용한다. 연산자 ~를 이용하여 포뮬러(formula) 형식으로 ~의 오른쪽에 면 분할할 범주형 변수를 할당한다.

facet_wrap() 함수를 이용한 면 분할(1)

```
SalaryGender %>%
  ggplot(aes(x = Age, y = Salary)) +
  geom_point() +
  facet_wrap(~PhD)
```

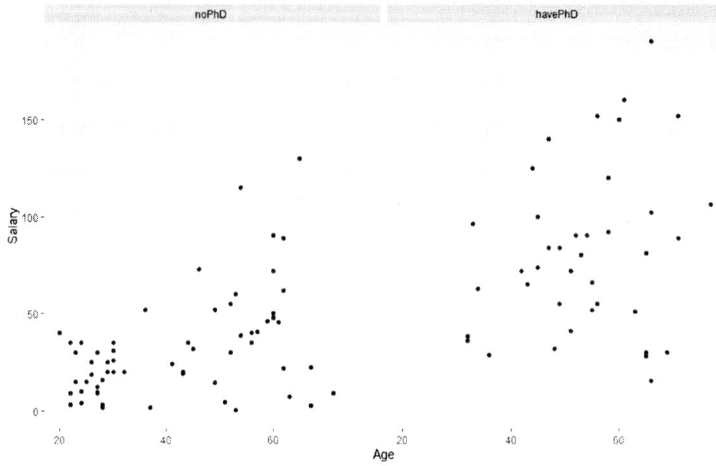

• facet_wrap(~PhD)으로 PhD 수준에 따라 면 분할하여 Age와 Salary의 산점도를 작성한다.

facet_wrap() 함수를 이용한 면 분할(2)

```
SalaryGender %>%
  ggplot(aes(x = Age, y = Salary)) +
  geom_point() +
  facet_wrap(~PhD, nrow = 2)
```

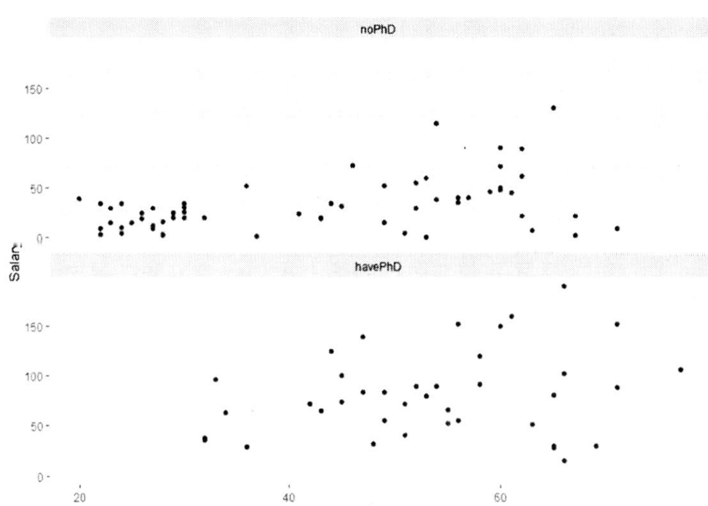

• 옵션 nrow = 2(혹은 ncol)를 이용하여 면의 행(열)의 개수를 2개로 조절하였다.

facet_wrap() 함수를 이용한 면 분할(3)

```
SalaryGender %>%
  ggplot(aes(x = Age, y = Salary)) +
  geom_point() +
  facet_wrap(~PhD, nrow = 2, scale = "free")
```

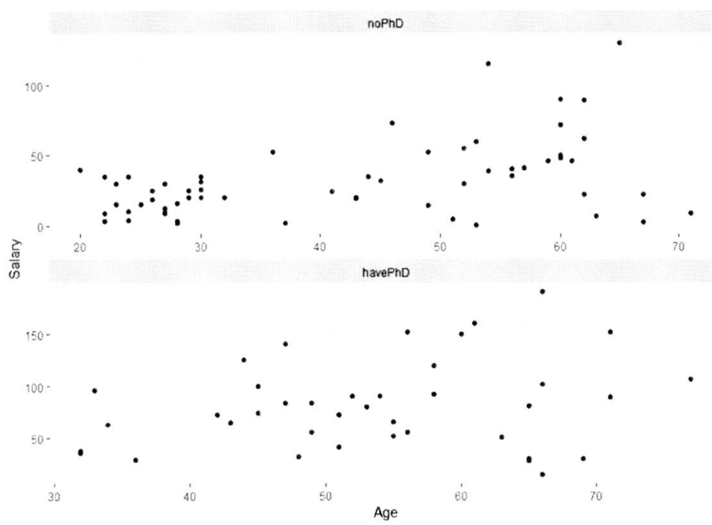

- 옵션 scales를 이용해서 그래프 축의 눈금을 조절할 수 있다.
- scales = "fixed"면 모든 그래프 축의 눈금이 같다. 디폴트는 fixed이다.
- scales = "free"면 데이터의 크기에 따라 각 그래프 축 눈금이 다르게 적용된다.

facet_grid()

facet_grid() 함수는 두 개 이상의 범주형 변수를 이용하여 집단별로 면 분할하여 그래프를 작성할 때 사용하면 편리하다. 연산자 ~를 이용하여 포뮬러(formula) 형식으로 ~의 왼쪽과 오른쪽에 면 분할할 범주형 변수를 할당한다.

facet_grid() 함수를 이용한 면 분할

```
SalaryGender %>%
  ggplot(aes(x = Age, y = Salary)) +
  geom_point() +
  facet_grid(PhD~Gender)
```

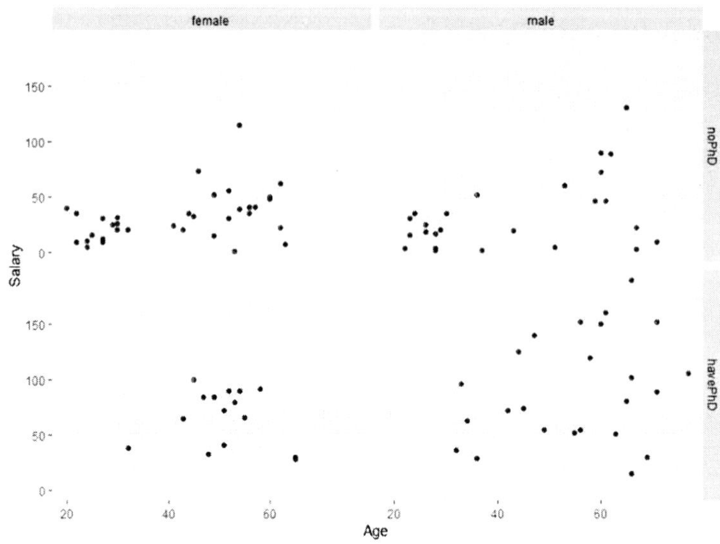

• facet_grid(PhD~Gender)로 PhD와 Gender의 수준에 따라 면 분할하여 Age와 Salary의 산점도를 작성한다.

연속형 변수에 대한 면 분할

연속형 변수에 대한 면 분할을 위해서 먼저 연속형 변수를 팩터로 변환하고 변환된 팩터를 이용해서 면을 분할한다. cut() 함수를 이용하면 연속형 변수를 팩터로 변환할 수 있다. 또한 ggplot2 패키지에서 제공하는 cut_interval(x, n, length), cut_width(x, width, boundary), cut_number(x, n) 함수를 이용하여 연속형 변수를 팩터로 변환할 수 있다.

cut_interval() 함수

```
> interval_fact <- cut_interval(SalaryGender$Salary, n = 4)
> is.factor(interval_fact)
[1] TRUE
> table(interval_fact)
interval_fact
[0.25,47.7] (47.7,95.1]  (95.1,143]   (143,190]
     56          29          10           5
```

• cut_interval(SalaryGender$Salary, n = 4) 함수로 Salary를 4개의 그룹으로 묶어서 새로운 변수 interval_fact를 생성한다.
• interval_fact는 팩터이다.

- 각 구간에 속하는 데이터의 개수는 56, 29, 10, 5인 것을 확인할 수 있다.

cut_width() 함수

```
> width_fact <- cut_width(SalaryGender$Salary, width = 40,
                          boundary = min(SalaryGender$Salary))
> is.factor(width_fact)
[1] TRUE
> table(width_fact)
width_fact
[0.25,40.2] (40.2,80.2]  (80.2,120]   (120,160]    (160,200]
        52          24          15           8            1
```

- cut_width(SalaryGender$Salary,boundary=min(SalaryGender$Salary), width=40) 함수로 Salary를 5개의 그룹으로 묶어서 새로운 변수 width_fact를 만들었다. width = 40은 구간의 너비, boundary = min(SalaryGender$Salary)는 첫 구간의 시작점을 나타낸다.
- 객체 width_fact는 팩터이다.
- 각 구간에 속하는 데이터의 개수는 52, 24, 15, 8, 1인 것을 확인할 수 있다.

cut_number() 함수

```
> number_fact <- cut_number(SalaryGender$Salary, n = 4)
> is.factor(number_fact)
[1] TRUE
> table(number_fact)
number_fact
  [0.25,20]    (20,39.3] (39.3,75.5]  (75.5,190]
        26          24          25          25
```

- cut_number(SalaryGender$Salary, n = 4) 함수로 Salary를 4개의 그룹으로 묶어서 새로운 변수 number_facet를 만들었다.
- cut_number() 함수는 각 구간에 속한 데이터의 개수가 비슷하도록 그룹화한다.
- 객체 number_fact는 팩터이다.
- 각 구간에 속하는 데이터의 개수는 26, 24, 25, 25인 것을 확인할 수 있다.

cut() 함수

```
> cut_fact <- cut(SalaryGender$Salary, breaks = 4)
> is.factor(cut_fact)
[1] TRUE
> table(cut_fact)
cut_fact
(0.0602,47.7]   (47.7,95.1]    (95.1,143]     (143,190]
           56            29            10             5
```

- cut(SalaryGender$Salary, breaks = 4) 함수로 Salary를 4개의 그룹으로 묶어서 새로운 변수 cut_fact를 만들었다.
- 객체 cut_fact는 팩터이다.
- 각 구간에 속하는 데이터의 개수는 56, 29, 10, 5인 것을 확인할 수 있다.

연속형 변수 Salary에 대한 면 분할을 해보자.

연속형 변수에 대한 면 분할

```
SalaryGender %>%
  mutate(Salary_fact = cut_number(Salary, n = 4 )) %>%
  ggplot(aes(x = Gender)) +
  geom_bar(fill = "skyblue", color = "black") +
  facet_wrap(~Salary_fact)
```

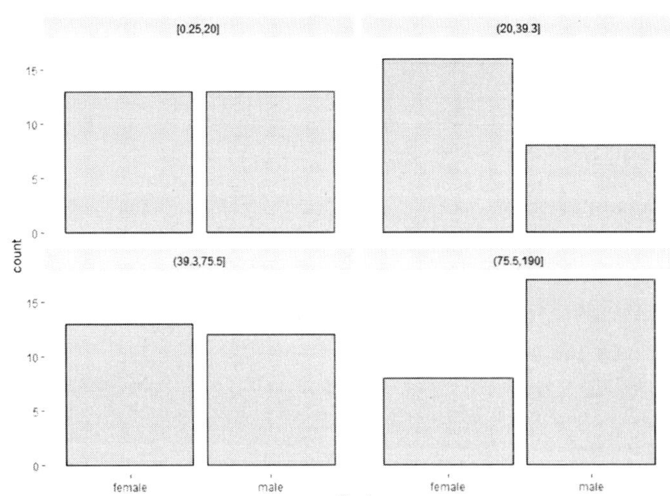

• 함수 mutate()와 cut_number()로 Salary를 네 그룹으로 묶어 변수 Salary_fact를 만들어, 면 분할하고 그룹별로 Gender에 대한 막대그래프를 작성한다.

5.4 기하객체: geometric object

기하객체는 데이터를 그래프로 나타낼 때 그래프의 유형을 지정하는 부분이다. 막대그래프는 geom_bar(), 산점도는 geom_point(), 상자그림은 geom_boxplot(), 선 그래프는 geom_line(), 히스토그램은 geom_histogram() 등을 이용한다. 이외에도 ggplot2에서는 많은 기하객체를 제공한다.

막대그래프(geom_bar())

막대그래프는 범주형 변수의 각 범주에 속하는 숫자 값을 막대로 나타낼 때 많이 이용한다. 이때 x축에는 범주, y축에는 도수를 나타낸다.

y축이 도수인 막대그래프

```
SalaryGender %>%
  ggplot(aes(x = PhD, y = ..count.. )) +
  geom_bar()
```

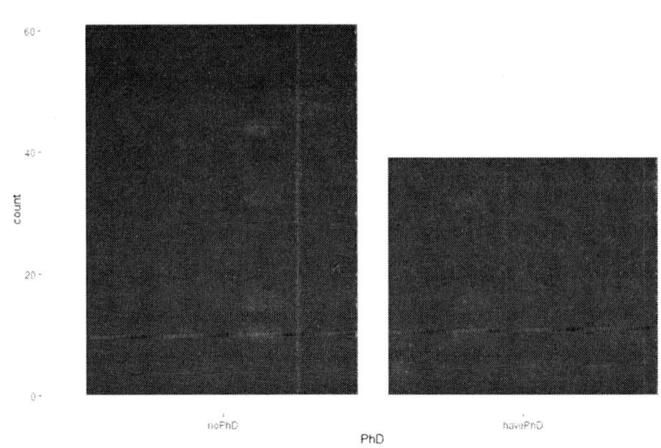

• 막대그래프를 작성하기 위해서 사용하는 기하객체는 geom_bar()이다. x축에 범주형 변수, y축에 ..count..을 매핑 시킨다. x축에는 범주형 변수의 각 범주가 나타나고, y축에는 각 범주에 속하는 데이터 개수(count), 즉 도수가 나타난다.

- y축의 값 ..count..은 stat_count()함수에 의해서 계산된 값이다.
- stat_count() 함수는 데이터를 입력받아 두 개의 객체, ..count..와 ..prop..을 출력한다. ..count..은 도수, ..prop..는 비율(상대도수)를 나타낸다.
- stat_count()에서 생성되는 변수는 양쪽에 두 개의 점을 찍어 일반적인 다른 변수와 구분한다.
- y = ..count..은 디폴트이기 때문에 생략해도 된다.

이제 각 범주의 도수를 계산한다.

도수분포

```
> xtabs(~PhD, data = SalaryGender)
PhD
 noPhD havePhD
    61      39
```

- xtabs() 함수로 범주형 변수 PhD에 대한 각 범주의 도수를 구하였다.
- 각 범주의 도수 61과 39가 막대그래프에서 각 막대의 높이가 된다.

y축이 상대도수인 막대그래프

```
SalaryGender %>%
  ggplot(aes(x = PhD, y = ..prop.., group = 1)) +
  geom_bar(width = 0.5)
```

- y축의 값을 비율(상대도수)로 나타내기 위해서 y = ..prop.., group = 1로 지정하였다.
- width = 0.5로 막대너비를 조절하였다.

다음으로 각 범주의 상대도수를 구한다.

상대도수

```
> prop.table(xtabs(~PhD, data = SalaryGender))
PhD
  noPhD havePhD
   0.61    0.39
```

- prop.table(xtabs(~PhD, data = SalaryGender)) 함수로 범주형 변수 PhD에 대한 각 범주의 상대도수(비율)를 구하였다.
- 각 범주의 상대도수 0.61과 0.39가 막대그래프에서 각 막대의 높이가 된다.

다음은 막대 색상과 테두리 색상을 지정한다.

막대 색상 지정

```
SalaryGender %>%
  ggplot(aes(x = PhD, y = ..prop.., group = 1)) +
  geom_bar(fill = “skyblue”, color = “black”)
```

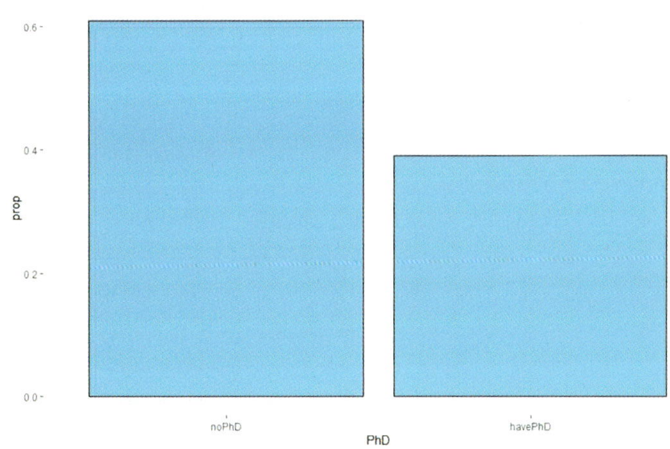

- 막대 색상을 지정할 때는 fill, 막대 테두리 색상을 지정할 때는 color를 사용한다.

- fill = "skyblue", color = "black"으로 지정하여 막대 색상을 스카이블루, 막대의 테두리 색상을 검은색으로 나타내었다.

y축이 도수와 상대도수 이외의 값을 갖는 막대그래프를 작성한다. geom_bar()에서 stat = "identity"로 설정해야 한다. y축이 PhD의 각 수준에서 Salary의 평균을 나타내는 막대그래프를 작성해보자.

noPhD와 havePhD 그룹에서 Salary 평균 계산

```
> SalaryGender %>%
+   group_by(PhD) %>%
+   summarise(Mean = mean(Salary))
# A tibble: 2 x 2
  PhD       Mean
  <fct>    <dbl>
1 noPhD     33.9
2 havePhD   81.7
```

- group_by() 함수로 PhD의 각 수준에 따라 데이터프레임 SalaryGender을 noPhD 그룹과 havePhD 그룹으로 나누었다.
- summarise() 함수로 noPhD와 havePhD 그룹의 Salary 평균을 구하였다.
- 각 그룹의 평균 33.9와 81.7이 막대그래프에서 각 막대의 높이가 된다.

noPhD와 havePhD 그룹의 Salary 평균에 대한 막대그래프

```
SalaryGender %>%
  group_by(PhD) %>%
  summarise(Mean = mean(Salary)) %>%
  ggplot(aes(x = PhD, y = Mean)) +
  geom_bar(stat = "identity", fill = "skyblue", color = "black")
```

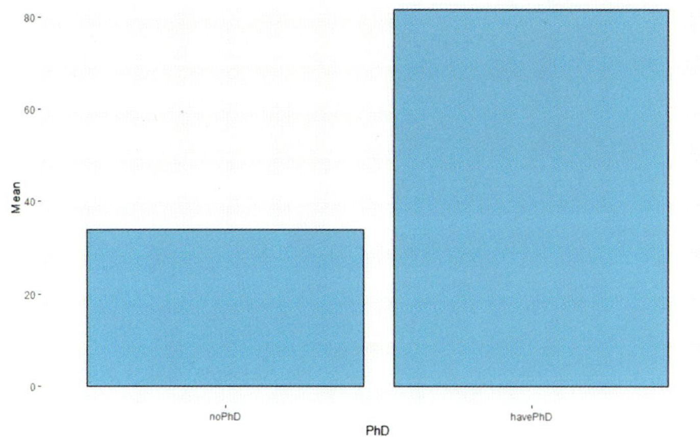

• noPhD와 havePhD 그룹의 Salary 평균을 막대 높이로 하는 막대그래프이다.

기하객체 geom_col()을 이용하면 stat = "identity"를 설정할 필요 없이 y축이 도수와 상대도수 이외의 값을 갖는 막대그래프를 작성할 수 있다.

geom_col()로 noPhD와 havePhD의 Salary 평균에 대한 막대그래프 작성

```
SalaryGender %>%
  group_by(PhD) %>%
  summarise(Mean = mean(Salary)) %>%
  ggplot(aes(x = PhD, y = Mean)) +
  geom_col(fill = "skyblue", color = "black")
```

• 결과는 geom_bar()를 이용했을 때와 같다.

두 개의 범주형 변수의 관계를 나타낼 때 범주형 변수의 범주를 기준으로 막대를 분리해서 막대그래프를 작성한다. 두 번째 범주형 변수의 범주를 기준으로 막대를 묶어서 나타내보자.

누적막대그래프:position = "stack"

```
SalaryGender %>%
  ggplot(aes(x = Gender, fill = PhD)) +
  geom_bar(position = "stack")
```

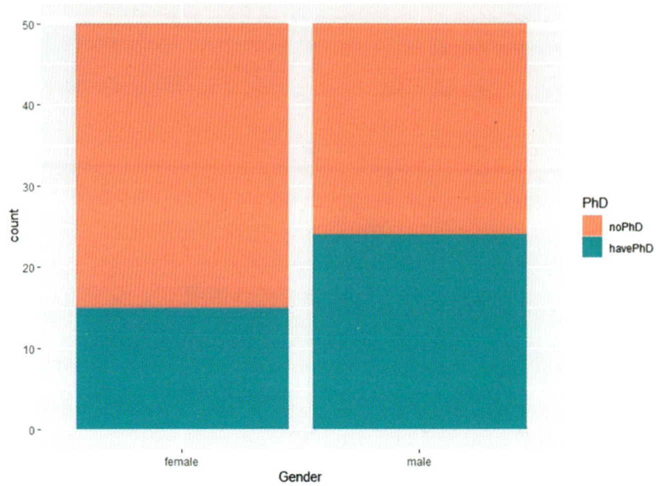

• fill = PhD로 매핑해서 PhD의 수준을 기준으로 막대를 묶어서 그래프를 작성하였다.
• position = “stack“으로 지정하여 막대를 누적으로 묶었다.
• position = “stack”은 디폴트이기 때문에 생략할 수 있다.
• 각 셀의 도수를 막대로 나타낸 그래프이다.

각 셀의 도수 구하기

```
> xtabs(~Gender + PhD, data = SalaryGender)

          PhD
Gender    noPhD havePhD
  female    35      15
  male      26      24
```

• xtabs(~Gender + PhD, data = SalaryGender)로 Gender와 PhD의 각각의 수준에서 도수를 구하였다.
• 각 셀의 도수가 막대그래프에서 각 막대의 높이가 된다.

비율누적 막대그래프:position = “fill”

```
SalaryGender %>%
  ggplot(aes(x = Gender, fill = PhD)) +
  geom_bar(position = “fill”) +
  ylab(“Prop”)
```

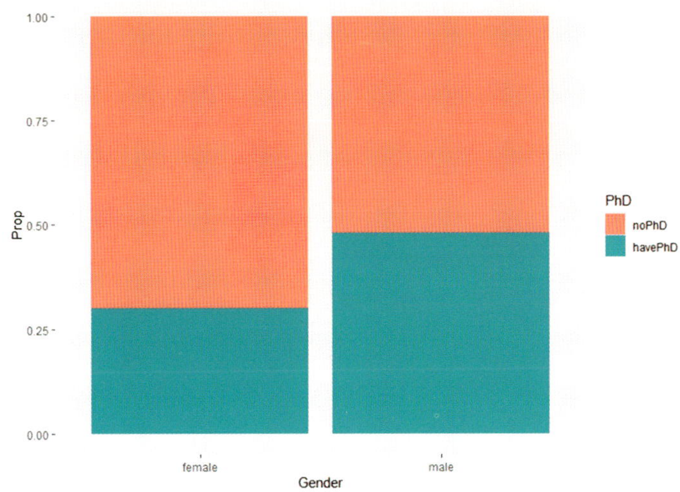

• position = "fill"로 지정하여 y축을 행 비율로 나타내었다.
• ylab() 함수를 이용하여 y축 레이블을 Prop로 수정하였다.
• 행 비율을 막대로 나타낸 그래프이다.

각 셀의 행 비율 구하기

```
> prop.table(xtabs(~Gender + PhD, data = SalaryGender), margin = 1)
        PhD
Gender   noPhD havePhD
  female  0.70    0.30
  male    0.52    0.48
```

• prop.table(xtabs(~Gender + PhD, data = SalaryGender), margin = 1)로 행 비율을 구하였다.
• female 중에서 noPhD와 havePhD에 속하는 데이터의 비율과 male 중에서 noPhD와 havePhD에 속하는 데이터의 비율을 나타낸다.

군집막대그래프:position = "dodge"

```
SalaryGender %>%
  ggplot(aes(x = Gender, fill = PhD)) +
  geom_bar(position = "dodge")
```

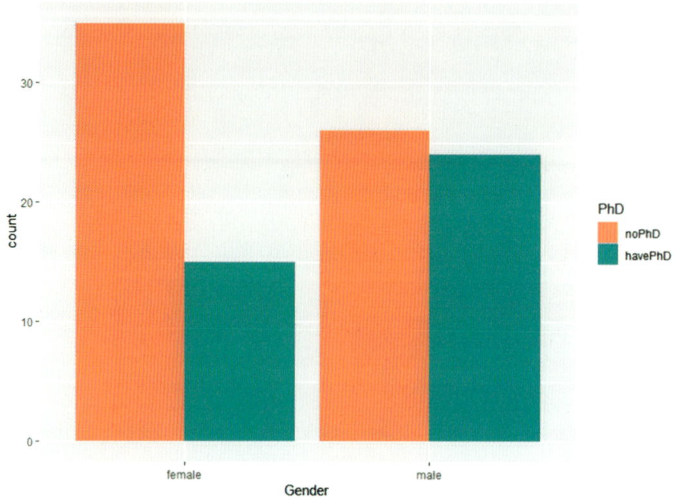

- position = "dodge"로 지정하여 막대들을 서로 수평으로 나란히 묶어서 그래프를 작성하였다.
- 각 셀의 도수를 막대로 나타낸 그래프이다.

모자이크 그림(geom_mosaic())

모자이크 그림은 두 개 이상의 범주형 변수의 관계를 나타낼 때 유용하게 사용할 수 있다.

모자이크 그림(1)

```
install.packages("ggmosaic")
library(ggmosaic)
ggplot(SalaryGender) +
  geom_mosaic(aes(x=product(Gender, PhD), fill = PhD ))
```

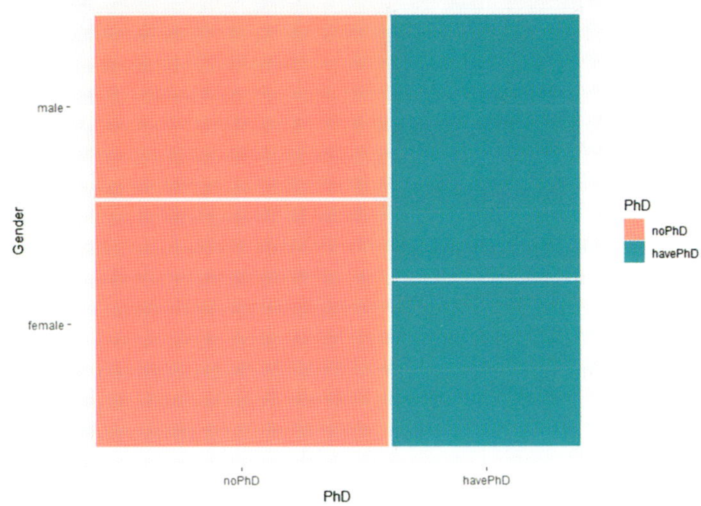

- ggmosaic 패키지를 설치하고 R 세션으로 불러들인다.
- PhD 변수의 각 범주에 속하는 데이터의 개수에 비례하게 사각형을 먼저 세로로 분할하고, 그다음 분할된 각 사각형을 Gender의 각 범주의 도수에 비례하게 가로로 나누었다.
- 각 셀의 도수에 비례해서 사각형으로 나타낸 그래프이다.

모자이크 그림(2)

```
ggplot(SalaryGender) +
  geom_mosaic(aes(x=product(Gender), fill = PhD ))
```

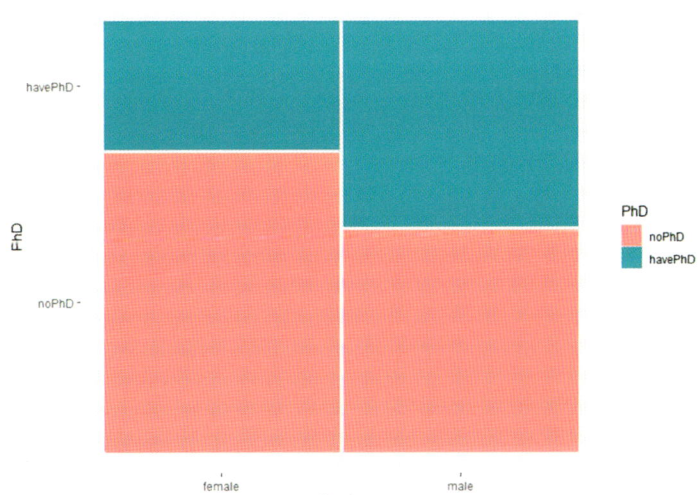

- Gender 변수의 각 범주에 속하는 데이터의 개수에 비례하게 사각형을 먼저 세로로 분할하고 그다음 분할된 각 사각형을 PhD의 각 범주의 도수에 비례하게 가로로 나누었다.
- 각 셀의 도수를 사각형으로 나타낸 그래프이다.

각 셀의 도수 구하기

```
> xtabs(~Gender + PhD, data = SalaryGender)

         PhD
Gender    noPhD havePhD
  female     35      15
  male       26      24
```

Salary를 팩터로 변환해서 모자이크 그림을 작성한다.

Gender + Salary_width + PhD에 대한 분할표

```
> SalaryGender_width <- SalaryGender %>%
+   mutate(Salary_width = cut_width(Salary, width = 50, boundary = min(Salary) ))
> xtabs(~Gender + Salary_width + PhD, data = SalaryGender_width)
, , PhD = noPhD

        Salary_width
Gender   [0.25,50.2] (50.2,100] (100,150] (150,200]
  female          30          4         1         0
  male            19          5         2         0

, , PhD = havePhD

        Salary_width
Gender   [0.25,50.2] (50.2,100] (100,150] (150,200]
  female           5         10         0         0
  male             4         10         6         4
```

- cut_width() 함수로 Salary를 팩터로 변환하여 새로운 변수 Salary_width를 만들었다.
- xtabs() 함수를 이용하여 분할표를 작성하였다.

모자이크 그림: Gender + Salary_width + PhD

```
SalaryGender %>%
  mutate(Salary_width = cut_width(Salary, width = 50, boundary = min(Salary))) %>%
  ggplot() +
  geom_mosaic(aes(x=product(Salary_width, PhD), fill = Gender))
```

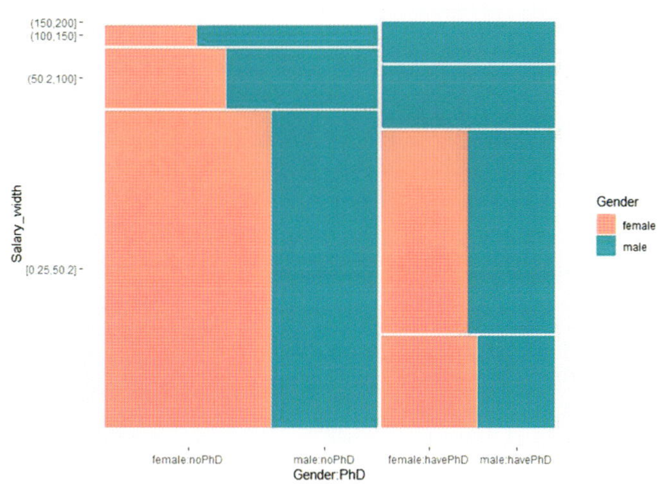

- PhD 변수의 각 범주의 도수에 비례하게 사각형을 먼저 세로로 분할하고, 그다음 분할된 각 사각형에서 Salary_width 변수의 각 범주의 도수에 비례하게 가로로 나누었다. 그다음 마지막으로 분할된 각 사각형을 Gender 변수를 사용하여 세로로 나누었다.

PhD + Salary_width + Gender에 대한 분할표

```
> xtabs(~PhD + Salary_width + Gender, data = SalaryGender_width)
, , Gender = female
         Salary_width
PhD       [0.25,50.2] (50.2,100] (100,150] (150,200]
  noPhD            30          4         1         0
  havePhD           5         10         0         0

, , Gender = male
         Salary_width
PhD       [0.25,50.2] (50.2,100] (100,150] (150,200]
  noPhD            19          5         2         0
  havePhD           4         10         6         4
```

• xtabs() 함수를 이용하여 분할표를 작성하였다.

모자이크 그림: PhD + Salary_width + Gender

```
SalaryGender %>%
  mutate(Salary_width = cut_width(Salary, width = 50, boundary = min(Salary))) %>%
  ggplot() +
  geom_mosaic(aes(x=product(Salary_width, Gender), fill = PhD))
```

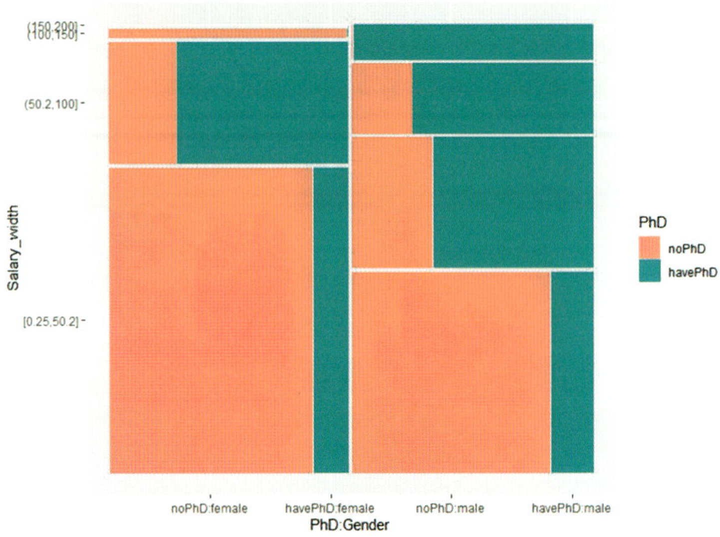

• Gender 변수의 각 범주의 도수에 비례하게 사각형을 먼저 세로로 분할하고, 그다음 분할된 각 사각형에서 Salary_width 변수의 각 범주의 도수에 비례하게 가로로 나누었다. 그다음 마지막으로 분할된 각 사각형을 PhD 변수를 사용하여 세로로 나누었다.

히스토그램(geom_histogram())

히스토그램은 연속형 데이터의 분포를 시각화하는 데 사용된다. SalaryGender 데이터프레임의 변수 Salary에 대한 히스토그램을 작성해보자.

히스토그램

```
SalaryGender %>%
  ggplot(aes(x = Salary)) +
  geom_histogram()
```

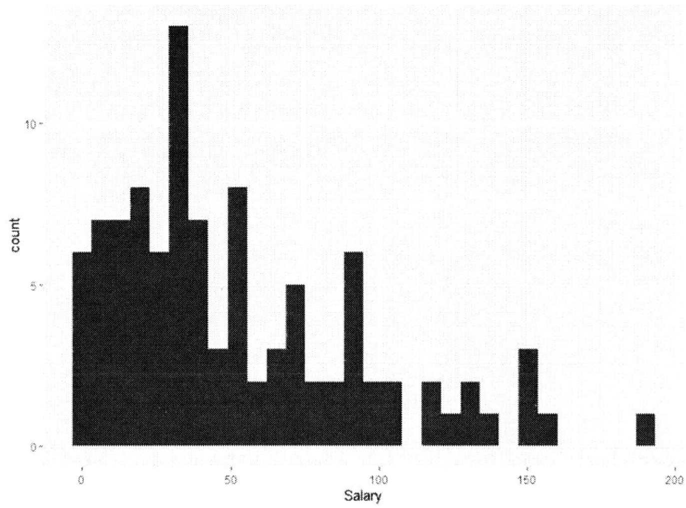

- x축에 연속형 변수 Salary를 매핑해서 히스토그램을 작성하였다. stat_bin() 함수로 막대(bin)의 너비와 개수가 자동으로 결정된다.

히스토그램:bin너비 설정

```
SalaryGender %>%
  ggplot(aes(x = Salary)) +
  geom_histogram(binwidth = 50)
```

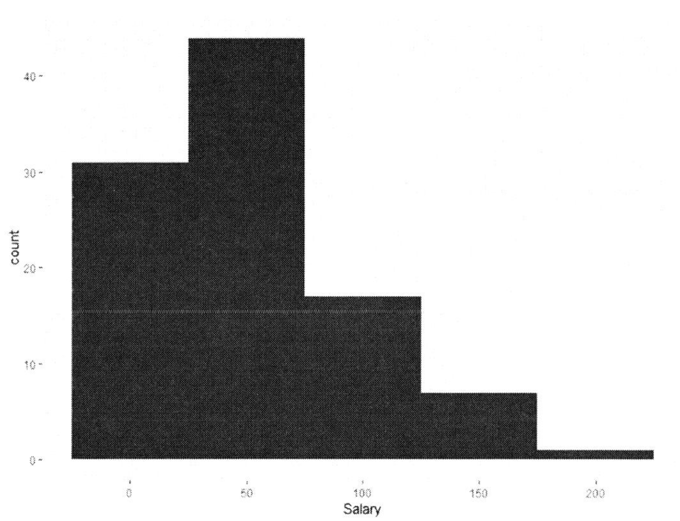

- 막대의 너비 binwidth = 50으로 지정하면 bin의 개수가 결정된다.

히스토그램:bin의 개수 설정

```
SalaryGender %>%
  ggplot(aes(x = Salary)) +
  geom_histogram(bins = 6)
```

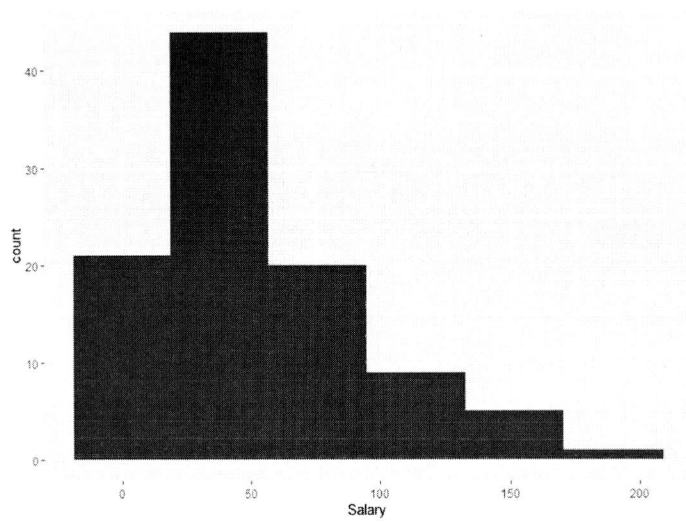

- bin의 개수 bins = 6으로 지정하면 binwidth가 결정된다.

히스토그램:막대 색상 지정

```
SalaryGender %>%
  ggplot(aes(x = Salary)) +
  geom_histogram(bins = 6, color = "black", fill = "skyblue")
```

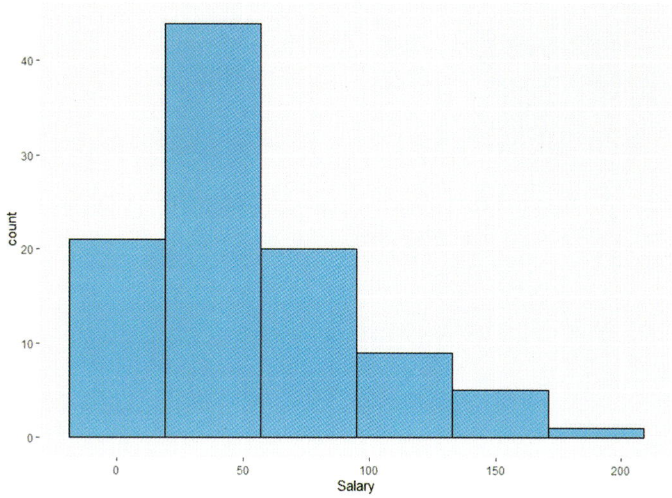

• color = “black”으로 지정하여 막대 테두리 색상을 검은색, fill = “skblue”를 지정하여 막대의 색상을 스카이블루로 나타내었다.

연속형 변수에 대한 도수분포표를 히스토그램으로 나타내보자. 먼저 Salary에 대한 도수분포표를 작성해보자.

Salary에 대한 도수분포 작성

```
> SalaryGender %>%
  count(cut_width(Salary, width = 50, boundary = 0))
                                                   n
1                                            [0,50] 58
2                                          (50,100] 29
3                                         (100,150]  9
4                                         (150,200]  4
```

• dplyr::count() 함수와 ggplot2::cut_width() 함수로 Salary에 대한 도수분포를 구하였다.
• 여기서 사용한 width=50을 히스토그램의 binwidth로 사용한다.

도수분포를 히스토그램으로 나타내기

```
SalaryGender %>%
  ggplot(aes(x = Salary)) +
  geom_histogram(binwidth = 50, boundary = 0, color = “black”, fill = “skyblue”)
```

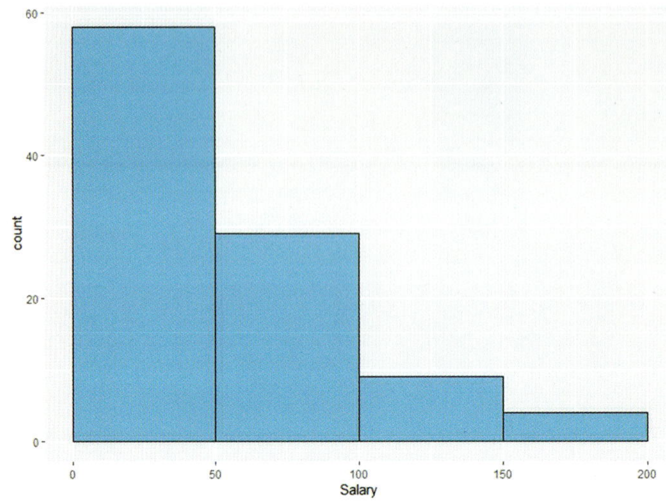

- 도수분포의 계급의 구간(width=50)을 히스토그램의 binwidth=50으로 지정하여 그래프를 작성하였다.
- boundary = 0으로 첫 번째 bin의 시작점 0으로 지정하였다.
- 도수분포표의 도수를 막대의 높이로 나타내었다.

y축을 상대도수밀도로 나타내기

```
SalaryGender %>%
  ggplot(aes(x = Salary, y = ..density..)) +
  geom_histogram(binwidth = 50, boundary = 0, color = "black", fill = "skyblue")
```

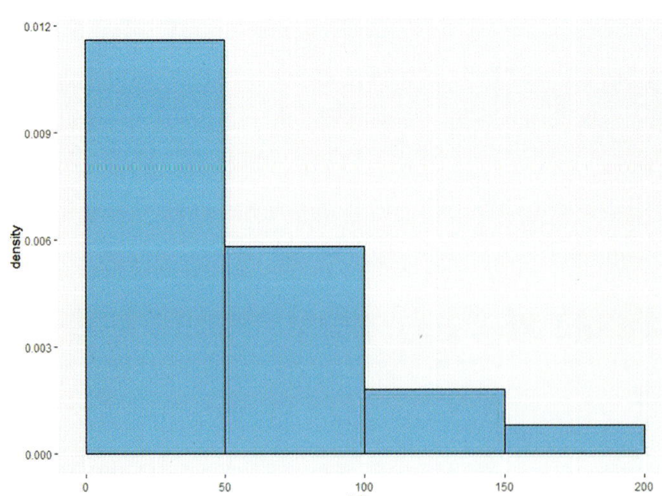

- y = ..density..로 매핑해서 상대도수밀도를 y축의 값으로 나타내었다.
- 상대도수밀도는 상대도수/binwidth를 이용해서 계산할 수 있다.
- ..density..은 stat_bin() 함수에 의해서 계산된 값이기 때문에 density 양쪽에 ..을 찍어서 나타내었다.

데이터프레임의 중에서 havePhD 데이터만 이용해서 히스토그램을 작성해보자.

havePhD에 대한 히스토그램

```
SalaryGender %>%
  filter(PhD == "havePhD") %>%
  ggplot(aes(x = Salary)) +
  geom_histogram(binwidth = 40, boundary = 0, color = "black", fill = "skyblue") +
  scale_x_continuous(breaks = seq(0, 200, 40))
```

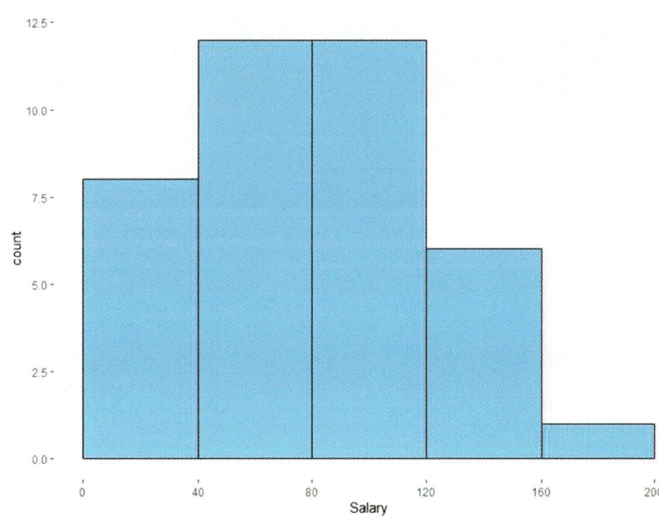

- filter() 함수를 이용하여 PhD의 수준이 havePhD인 데이터만 추출하였다.
- havePhD 그룹에 대해서 Salary의 히스토그램을 작성하였다.

범주형 변수의 각 범주에 대한 히스토그램을 작성해보자. fill에 범주형 변수를 매핑 해서 각각의 범주에 대한 히스토그램을 작성할 수 있다.

PhD의 각 범주에 대한 히스토그램

```
SalaryGender %>%
  ggplot(aes(x = Salary, y = ..density.., fill = PhD)) +
  geom_histogram(binwidth = 50, boundary = 0, color = "black", alpha = 0.1,
                 position = "identity")
```

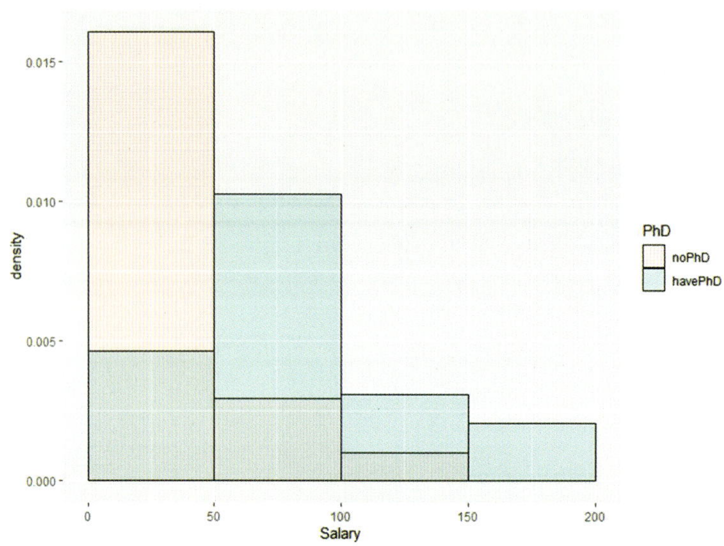

- fill = PhD로 매핑해서 PhD의 수준에 따라 데이터를 분리해서 Salary에 대한 히스토그램을 작성하였다.
- position = "identity"로 지정해서 두 개의 히스토그램을 겹쳐서 나타내었다.
- position에는 identity 이외에도 dodge, stack을 지정할 수 있다.
- alpha는 bin 색깔의 명암을 조절하는 옵션이다.

범주형 변수의 각 범주에 대한 히스토그램을 작성해보자. 면 분할하여 각각의 범주에 대한 히스토그램을 작성할 수 있다.

PhD의 각 범주에 대한 히스토그램: 면 분할

```
SalaryGender %>%
  ggplot(aes(x = Salary, y = ..density..)) +
  geom_histogram(binwidth = 50, boundary = 0, color = "black", fill = "skyblue")+
  facet_wrap(~PhD)
```

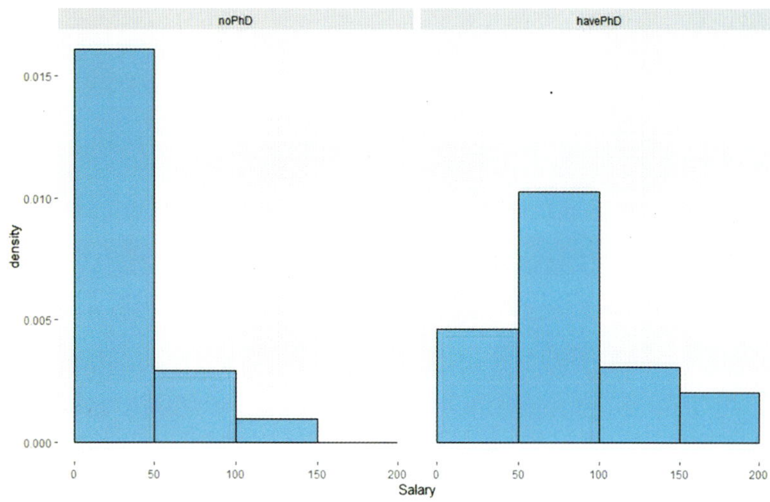

• facet_wrap() 함수를 이용하여 PhD의 범주에 따라 면 분할해서 히스토그램을 작성하였다.

히스토그램에 변수의 평균을 나타내는 수직선을 추가해보자. geom_vline()함수를 이용하여 수직선을 추가할 수 있다.

Salary의 평균을 나타내는 수직선 추가

```
SalaryGender %>%
  ggplot(aes(x = Salary, y = ..density..)) +
  geom_histogram(binwidth = 50, boundary = 0, color = "black", fill = "skyblue") +
  geom_vline(aes(xintercept = mean(Salary)), color = "blue")
```

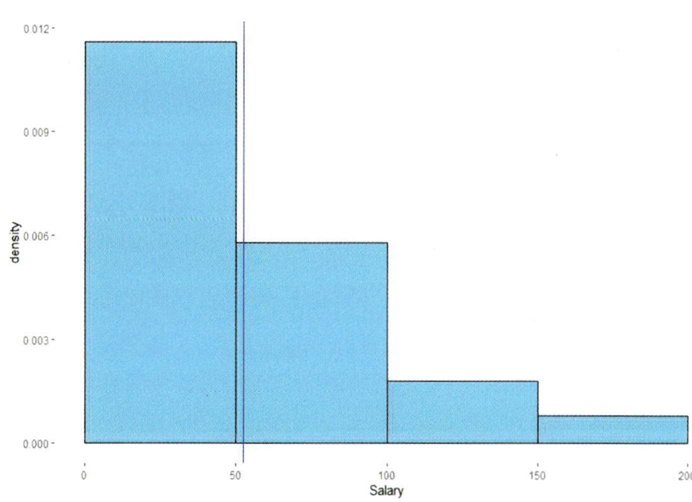

- geom_vline() 함수로 Salary의 평균을 히스토그램에 나타내었다.
- xintercept=mean(Salary)은 Salary의 평균을 나타내는 수직선이 x축과 만나는 위치를 나타낸다.
- color = "blue"는 평균을 나타내는 수직선의 색상을 나타낸다.

Salary의 평균 계산

```
> SalaryGender %>%
+   summarise(Mean = mean(Salary))
     Mean
1 52.5245
```

- summarise() 함수를 이용하여 Salary의 평균을 계산하였다.
- 히스토그램에 나타낸 수직선의 값이다.

상자그림(geom_boxplot())

상자그림은 연속형 데이터의 분포와 데이터의 분포를 비교하기 위해서 많이 사용한다. 상자그림은 데이터의 최솟값, 제1사분위수, 중앙값, 제3사분위수, 최댓값을 이용하여 그래프를 작성한다.

SalaryGender 데이터프레임의 변수 Salary에 대한 상자그림을 작성해보자.

상자그림

```
SalaryGender %>%
  ggplot(aes(x = "", y = Salary)) +
  geom_boxplot()
```

- geom_boxplot() 함수로 Salary에 대한 상자그림을 작성하였다. x축에 변수를 매핑 할 필요가 없으므로 x = "", y = Salary로 매핑을 하였다.
- 상자그림에서 상자의 밑변은 데이터의 제1사분위수, 윗변은 데이터의 제3사분위수를 나타낸다.
- 상자 안쪽에 있는 변은 중앙값을 나타낸다.
- L = 상자의 밑변(제1사분위수) – 1.5(제3사분위수–제1사분위수)
- U = 상자의 윗변(제3사분위수) + 1.5(제3사분위수–제1사분위수)

• 상자그림에서 상자에 붙어 있는 수염(직선)의 양쪽 끝의 값은 (L, U) 사이에 있는 값 중에서 최솟값과 최댓값을 나타낸다.
• 상자그림에서 상자에 붙어 있는 수염의 양쪽 끝의 값은 0.25와 160.00이다.
• 구간 (L, U)를 벗어나는 데이터를 이상치(outlier)라고 한다.
• 그래프에서는 이상치를 점으로 나타내었다.

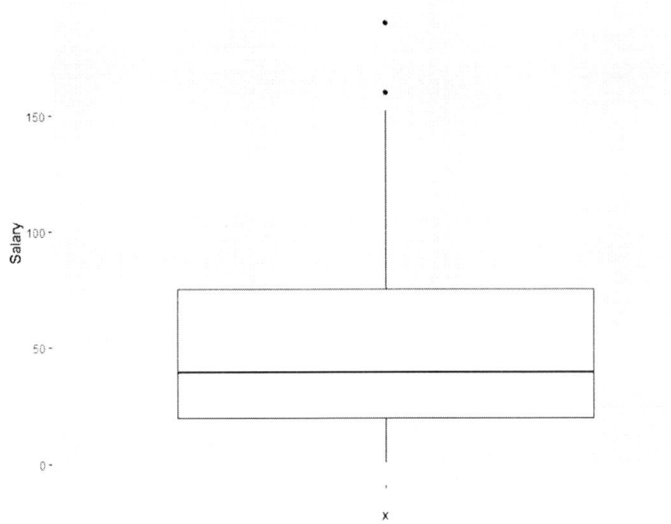

x축에는 변수를 지정하지 않기 때문에 축 라벨이 필요 없다. xlab() 함수를 이용하여 x축 라벨을 삭제할 수 있다.

x축 라벨 없애기

```
SalaryGender %>%
  ggplot(aes(x = “”, y = Salary)) +
  geom_boxplot() +
  xlab(“”)
```

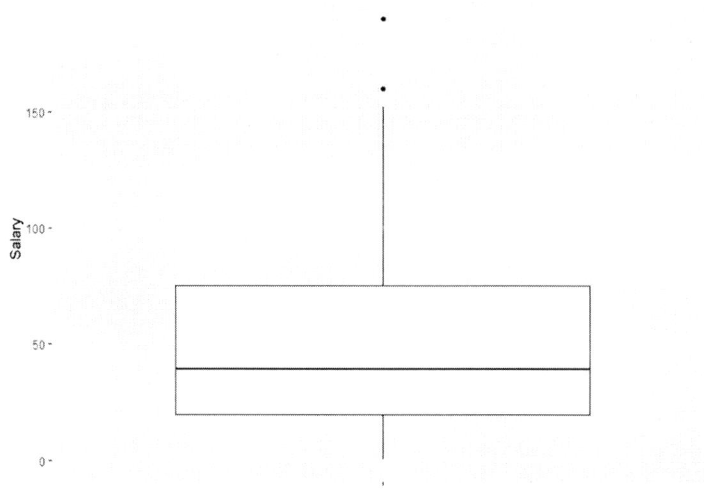

• xlab("")으로 x축 라벨 x를 삭제하였다.

상자그림을 나타내는 통계치에 대해서 살펴보자. boxplot.stats() 함수를 이용하면 상자그림의 통계치를 알 수 있다.

상자그림의 통계치

```
> boxplot.stats(SalaryGender$Salary)
$stats
[1]   0.25  20.00  39.30  77.00 160.00
$n
[1] 100
$conf
[1] 30.294 48.306
$out
[1] 190
L <- box_stat$stats[2] - 1.5*(box_stat$stats[4] - box_stat$stats[2])
U <- box_stat$stats[4] + 1.5*(box_stat$stats[4] - box_stat$stats[2])
L
[1] -65.5
U
[1] 162.5
```

• boxplot.stats() 함수는 상자그림의 통계치를 출력한다.

• $stats는 구간(L, U) = (−65.5, 162.5) 사이에 있는 데이터 중에서 최솟값(0.25)과 최댓값(160.00), 그리고 주어진 전체 데이터의 제1사분위수(20.00), 중앙값(39.30), 제3사분위수(77.00)를 나타낸다.
• $n 관측수를 나타낸다.
• $conf는 모집단 중앙값의 95% 신뢰구간을 나타낸다.
• $out는 구간 (L, U) = (−65.5, 162.5)을 벗어나는 데이터(이상치 = 190)를 나타낸다.

다음으로 상자의 너비와 색상을 지정해보자.

상자 너비와 색상 지정하기

```
SalaryGender %>%
  ggplot(aes(x = "", y = Salary)) +
  geom_boxplot(width = 0.5, fill = "skyblue", color = "black") +
  xlab("")
```

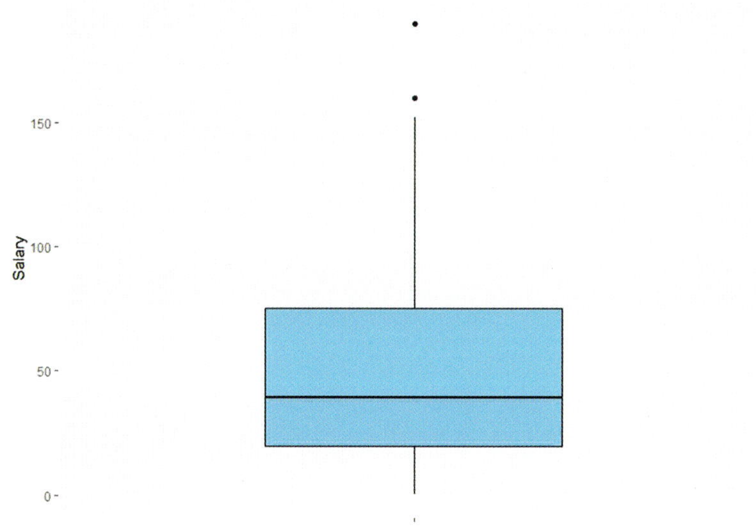

• width = 0.5로 지정하여 상자의 너비를 조절하였다.
• fill로 상자의 색상을 지정하였다.
• color로 상자 테두리 색상을 지정하였다.

범주형 변수의 각 범주에 대한 상자그림을 작성해보자.

PhD의 각 범주에 대한 상자그림

```
SalaryGender %>%
  ggplot(aes(x = PhD, y = Salary)) +
  geom_boxplot(width = 0.5, fill = "skyblue", color = "black")
```

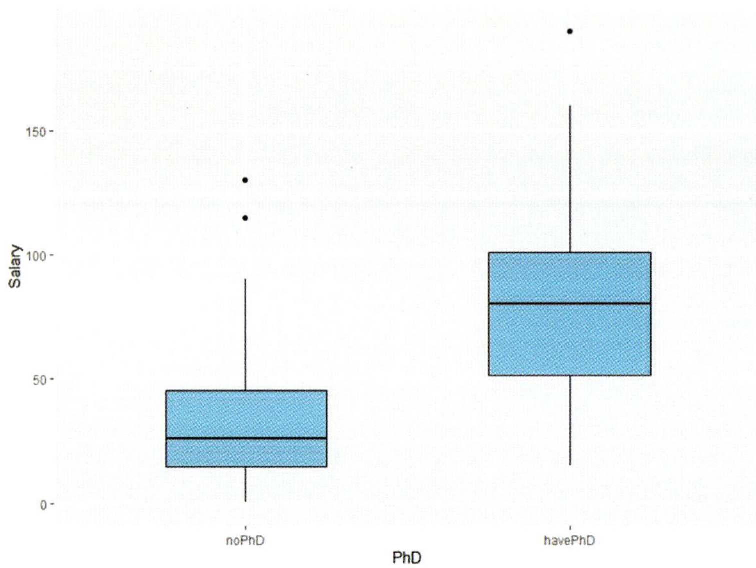

- x축에 범주형 변수(PhD)를 매핑해서 PhD의 범주 noPhD에 대한 Salary의 상자그림과 havePhD에 대한 Salary의 상자그림을 작성하였다.

두 번째 범주형 변수의 각 범주를 기준으로 상자를 묶어서 상자그림을 작성해보자.

Gender의 범주를 기준으로 상자를 묶은 상자그림

```
SalaryGender %>%
  ggplot(aes(x = PhD, y = Salary, fill = Gender)) +
  geom_boxplot(width = 0.5, color = "black")
```

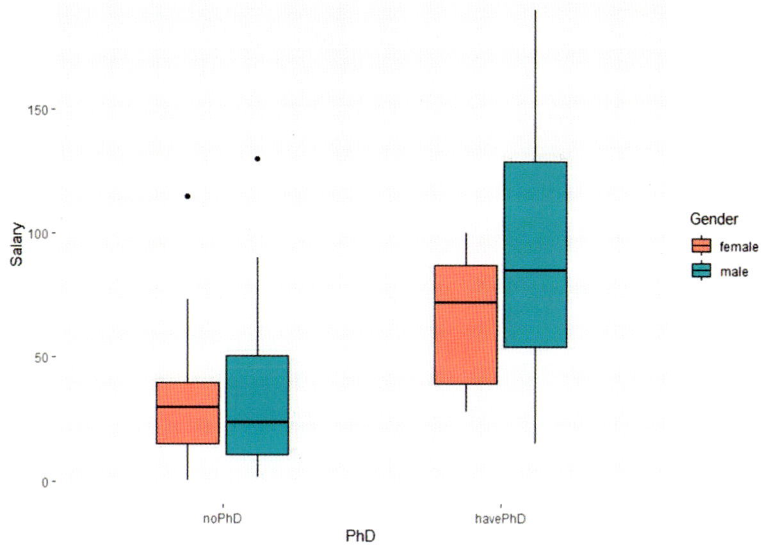

• fill = Gender로 매핑해서 PhD와 Gender 각 수준의 조합에서 Salary의 분포를 비교하였다.

두 번째 범주형 변수의 각 범주를 기준으로 면 분할해서 상자그림을 작성해보자.

Gender의 범주를 기준으로 면 분할한 상자그림

```
SalaryGender %>%
  ggplot(aes(x = PhD, y = Salary)) +
  geom_boxplot(width = 0.5, color = "black", fill = "skyblue") +
  facet_wrap(~Gender)
```

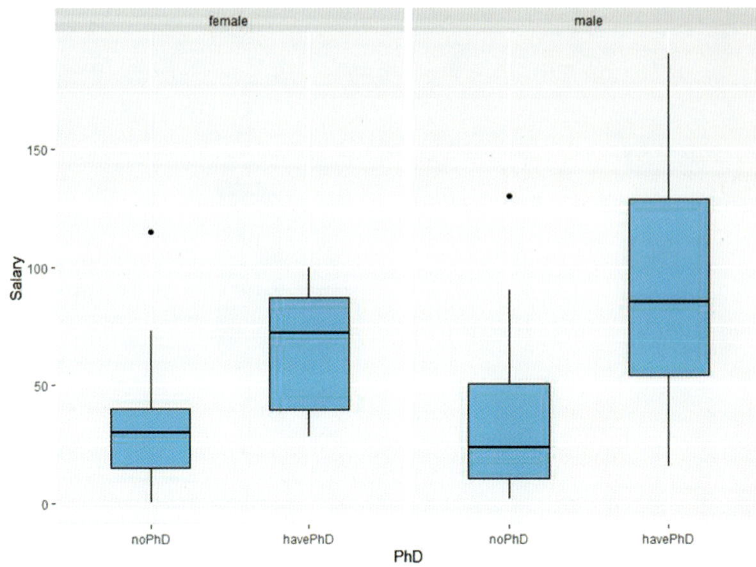

• facet_wrap(~Gender) 함수로 Gender의 수준에 따라 면 분할해서 그래프를 작성하였다.

바이올린 그래프(geom_violin())

바이올린 그래프는 데이터의 밀도곡선을 대칭 모양으로 붙여놓은 그래프다. 바이올린 그래프는 다수 데이터의 분포와 밀도를 비교하기 위해 많이 사용한다. SalaryGender 데이터프레임의 변수 Salary에 대한 바이올린 그래프를 작성해보자.

Salary에 대한 상자그림

```
SalaryGender %>%
  ggplot(aes(x = "", y = Salary )) +
  geom_violin() +
  coord_flip()
```

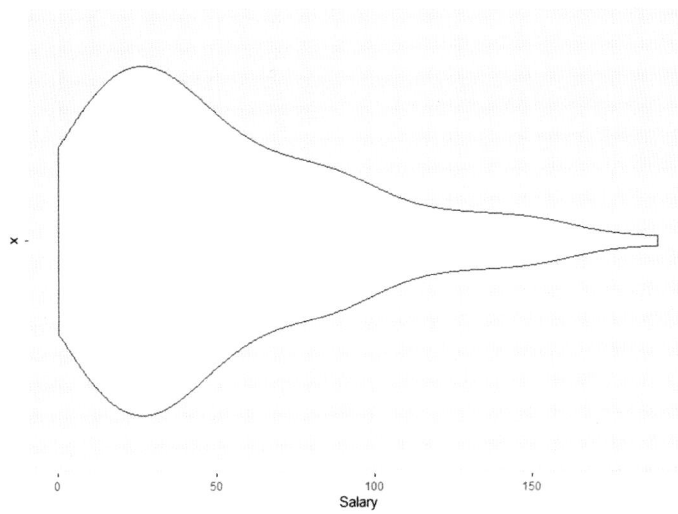

• geom_violin() 함수로 Salary에 대한 바이올린 그래프를 작성하였다.

• coord_flip() 함수로 바이올린 그래프를 수평으로 나타내었다.

Salary에 대한 밀도곡선

```
SalaryGender %>%
  ggplot(aes(x = Salary )) +
  geom_density()
```

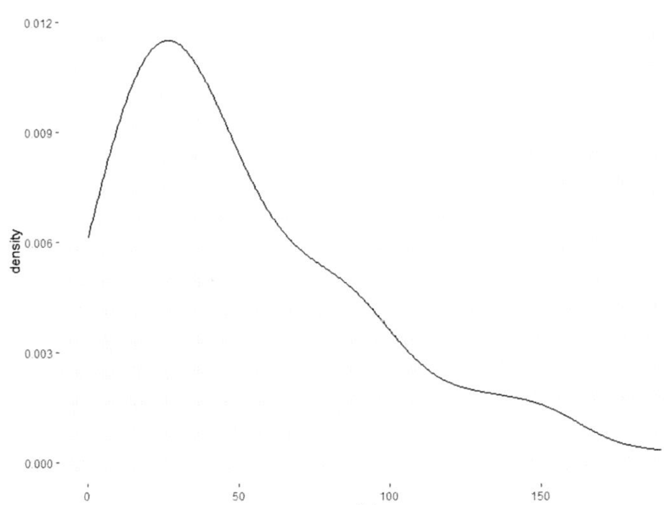

• 바이올린 그래프는 밀도곡선을 대칭으로 붙여서 그려놓은 그래프다.

바이올린 그래프와 상자그림을 겹쳐서 작성해보자.

boxplot 그림과 바이올린 그래프를 겹쳐서 그리기

```
SalaryGender %>%
  ggplot(aes(x = "", y = Salary)) +
  geom_violin(fill = "skyblue", alpha = 0.3) +
  geom_boxplot(width = 0.1)
```

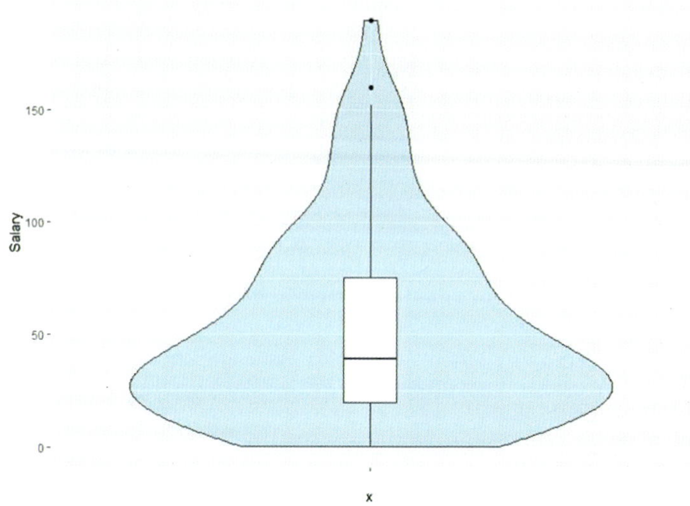

- 바이올린 그래프는 상자그림을 중심으로 밀도곡선을 대칭으로 그린 그래프이다.

바이올린 그래프에 백분위수를 함께 표시해보자.

바이올린 그래프에 백분위수 나타내기

```
SalaryGender %>%
  ggplot(aes(x = "", y = Salary)) +
  geom_violin(fill = "skyblue", draw_quantiles = c(0.1, 0.25, 0.5, 0.75, 0.9)) +
  xlab("")
```

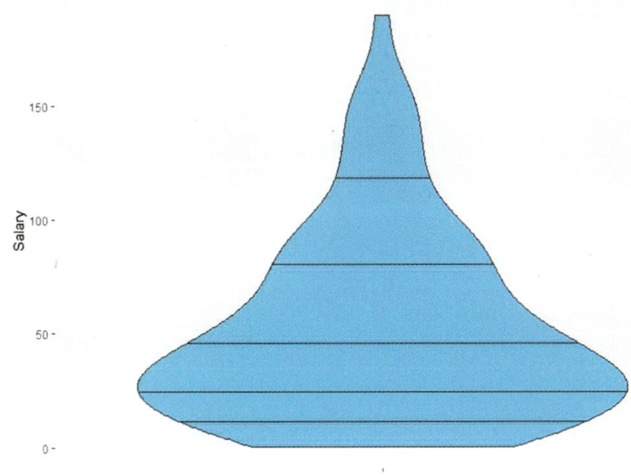

• draw_quantiles() 함수로 바이올린 그래프에 백분위수를 추가하였다.

바이올린 그래프에서 평평한 끝부분은 데이터의 극단 값을 나타낸다. trim을 이용해서 그래프의 꼬리 부분을 유지할 수 있다.

바이올린 그래프에서 꼬리 부분 유지하기

```
SalaryGender %>%
  ggplot(aes(x = "", y = Salary )) +
  geom_violin(trim = FALSE)
```

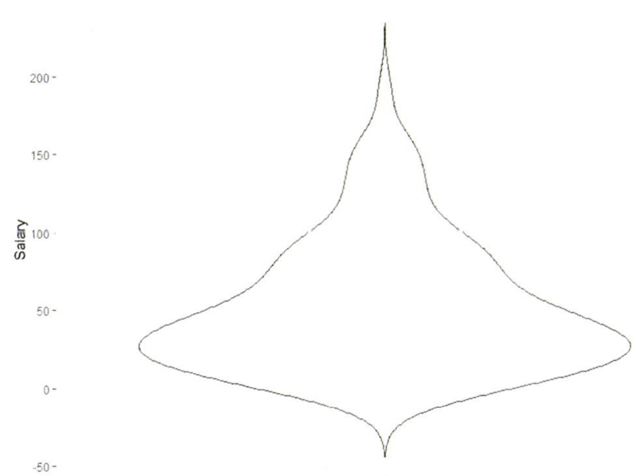

• trim=FALSE를 이용하여 그래프의 꼬리 부분을 유지하였다.

범주형 변수의 각 범주에 대한 바이올린 그래프를 작성해보자.

PhD의 각 범주에 대한 바이올린 그래프

```
SalaryGender %>%
  ggplot(aes(x = PhD, y = Salary )) +
  geom_violin(color = "black", trim = FALSE, fill = "skyblue")
```

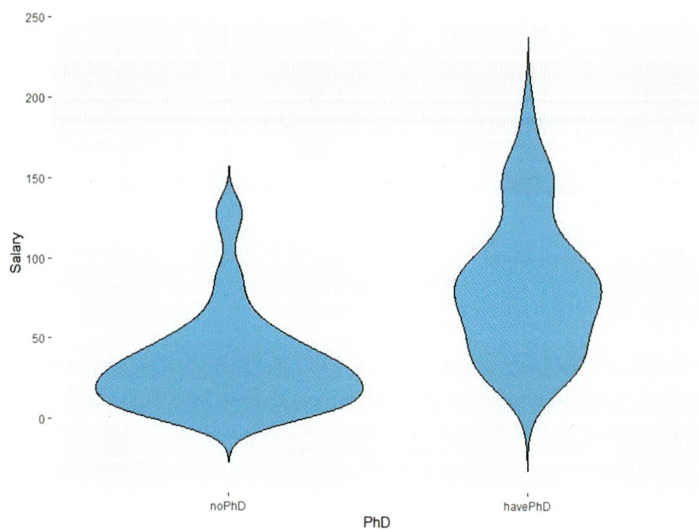

• x축에 범주형 변수(PhD)를 매핑해서 PhD의 각 범주에 대한 Salary의 바이올린 그래프를 작성하였다.
• 기본적으로 각 분포의 면적이 동일한 크기를 갖도록 크기를 조절한다.
• color와 fill을 이용하여 바이올린과 바이올린 테두리 색상을 지정하였다.

면적을 집단 내의 관측수에 비례하게 조절해보자. scale을 이용하면 면적을 관측수에 비례하게 조절할 수 있다.

면적을 관측수에 비례하게 조절하기

```
SalaryGender %>%
  ggplot(aes(x = PhD, y = Salary)) +
  geom_violin(trim = FALSE, scale = "count", color = "black", fill = "skyblue")
```

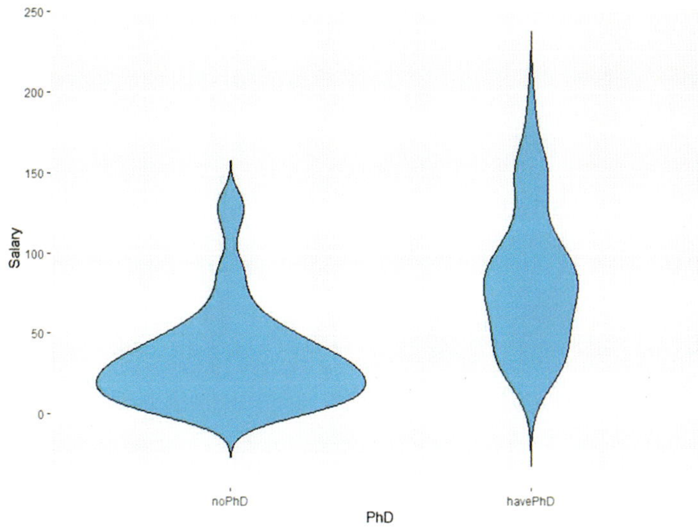

- scale = "count"를 이용하여 관측수에 비례하게 면적을 조절하였다.
- havePhD(관측수 39)의 관측수가 noPhD(관측수 61)에 비해 적기 때문에 그래프가 좁게 그려졌다.

두 번째 범주형 변수의 각 범주를 기준으로 바이올린을 묶어서 바이올린 그래프를 작성해보자.

Gender의 각 범주를 기준으로 바이올린을 묶은 바이올린 그래프

```
SalaryGender %>%
  ggplot(aes(x = PhD, y = Salary, fill = Gender)) +
  geom_violin(trim = FALSE, scale = "count")
```

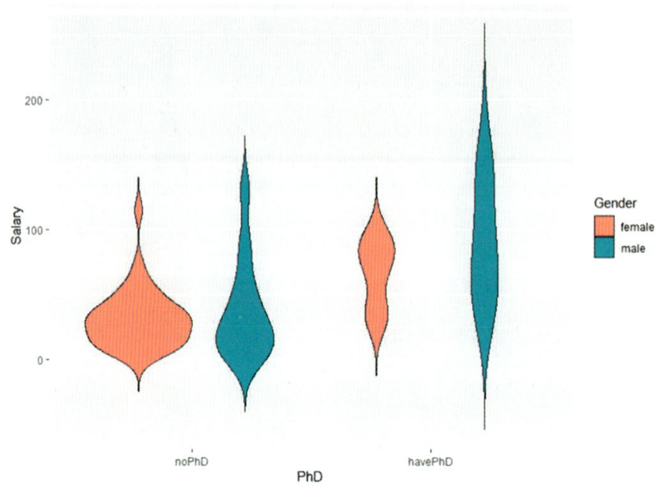

• fill = Gender로 매핑해서 PhD와 Gender의 각 수준의 조합에서 Salary의 분포를 비교하였다.

두 번째 범주형 변수의 범주를 기준으로 면 분할해서 바이올린 그래프를 작성해보자.

Gender의 각 범주를 기준으로 면 분할한 바이올린 그래프

```
SalaryGender %>%
  ggplot(aes(x = PhD, y = Salary)) +
  geom_violin(trim = FALSE, scale = “count”, fill = “skyblue”) +
  facet_wrap(~Gender)
```

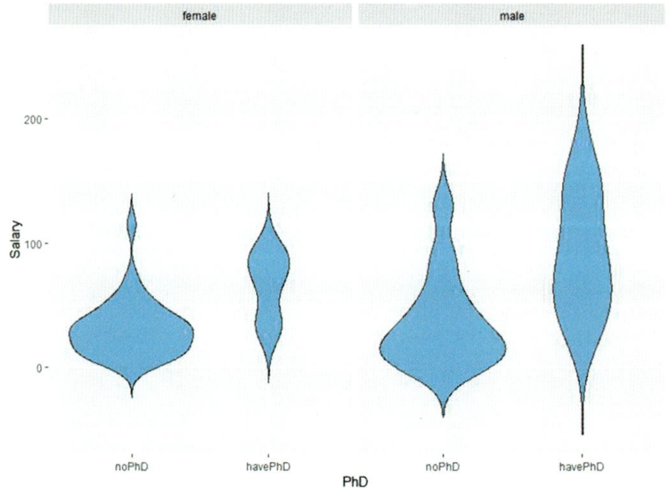

• facet_wrap(~Gender) 함수로 Gender의 수준에 따라 면 분할해서 그래프를 작성하였다.

바이올린 그래프의 평할도(smooth)를 조절해보자. adjust를 이용하여 평할도를 조절할 수 있다.

바이올린 그래프 평할도(smooth) 조절

```
SalaryGender %>%
  ggplot(aes(x = "", y = Salary )) +
  geom_violin(trim = FALSE, scale = "count", adjust = 2) +
  coord_flip()
```

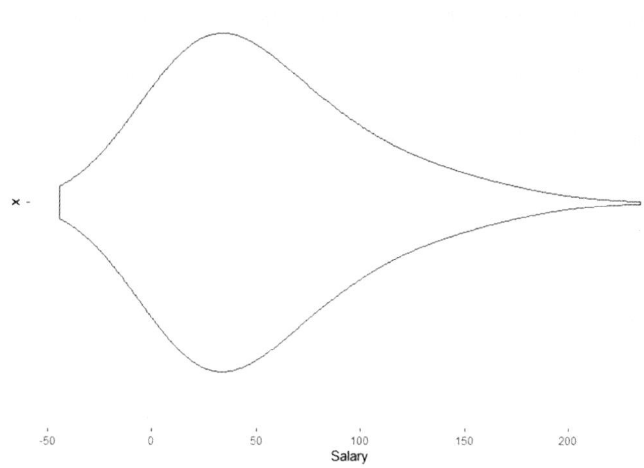

• adjust=2를 이용하여 Salary의 바이올린 그래프의 평활도를 조절하였다.

밀도곡선의 평할도(smooth)를 조절해보자. adjust를 이용하여 평할도를 조절한다.

밀도곡선 평할도(smooth) 조절

```
SalaryGender %>%
  ggplot(aes(x = Salary )) +
  geom_density(adjust = 2)
```

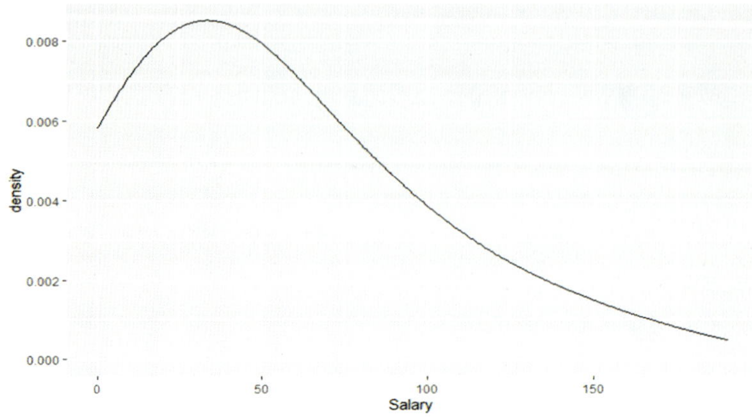

• adjust=2로 Salary의 밀도곡선의 평활도를 조절하였다.

바이올린 그래프, 상자그림, 관측값을 동시에 나타내보자.

바이올린 그래프에 상자그림과 관측값 나타내기

```
SalaryGender %>%
  ggplot(aes(x = PhD, y = Salary )) +
  geom_violin(color = "black", trim = FALSE, fill = "skyblue") +
  geom_boxplot(width = 0.1, outlier.color = NA) +
  geom_jitter(width = 0.12, color = "red")
```

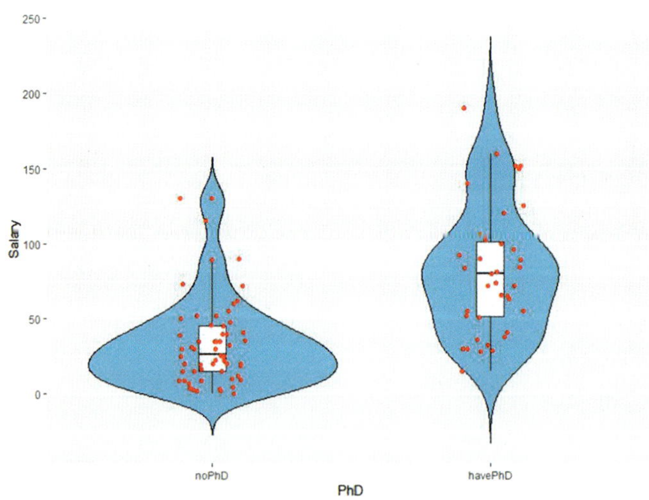

• 바이올린 그래프와 상자그림을 동시에 작성하였다.

• geom_jitter() 함수로 관측값을 점으로 그래프에 나타내었다.

상자그림과 바이올린 그래프에 모평균 차이검정을 위한 p-값을 추가해보자. ggpubr패키지의 stat_compare_means()함수를 이용하여 상자그림과 바이올린 그래프에 모집단 평균차이검정을 위한 p-값을 추가할 수 있다.

상자그림에 t-검정의 p-값 추가하기

```
install.packages("ggpubr")
library(ggpubr)
SalaryGender %>%
  ggplot(aes(x = PhD, y = Salary)) +
  geom_boxplot(width = 0.5, fill = "skyblue", color = "black") +
  stat_compare_means(method = "t.test")
```

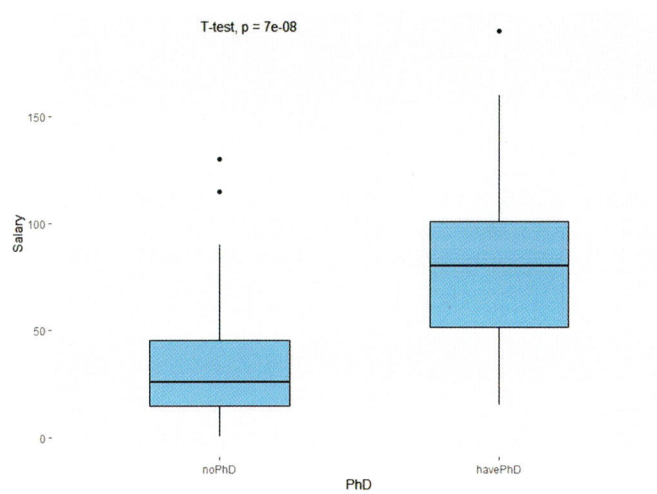

• ggpubr 패키지를 설치하고 R 세션으로 불러들인다.
• stat_compare_means(method="t.test") 함수로 상자그림에 t-검정의 p-값을 추가하였다.

두 집단의 모평균의 차이를 검정하는 t-검정을 시행해보자. t.test() 함수를 이용하여 t-검정을 할 수 있다.

t-검정

```
> t.test(Salary~PhD, data = SalaryGender)

        Welch Two Sample t-test

data:  Salary by PhD
t = -6.125, df = 61.568, p-value = 6.989e-08
alternative hypothesis: true difference in means between group noPhD and group
havePhD is not equal to 0
95 percent confidence interval:
 -63.46826 -32.23115
sample estimates:
  mean in group noPhD mean in group havePhD
             33.86311              81.71282
```

- noPhD와 havePhD 두 집단에 대한 Salary의 모평균 차이검정, t-검정을 시행하였다. (p-value = 6.989e-08).
- p-value를 상자그림에 표시하였다.

noPhD와 havePhD 두 집단의 Salary의 표본평균

```
> SalaryGender %>%
  group_by(PhD) %>%
  summarise(Mean = mean(Salary))
# A tibble: 2 x 2
  PhD       Mean
  <fct>    <dbl>
1 noPhD     33.9
2 havePhD   81.7
```

- noPhD와 havePhD 두 집단의 Salary의 표본평균을 계산하였다.
- 이 값은 t.test() 결과에서 sample estimate 값이다.

바이올린 그래프에 t-검정의 p-값 추가하기

```
SalaryGender %>%
  ggplot(aes(x = PhD, y = Salary )) +
  geom_violin(color = "black", trim = FALSE, fill = "skyblue") +
  stat_compare_means(method = "t.test")
```

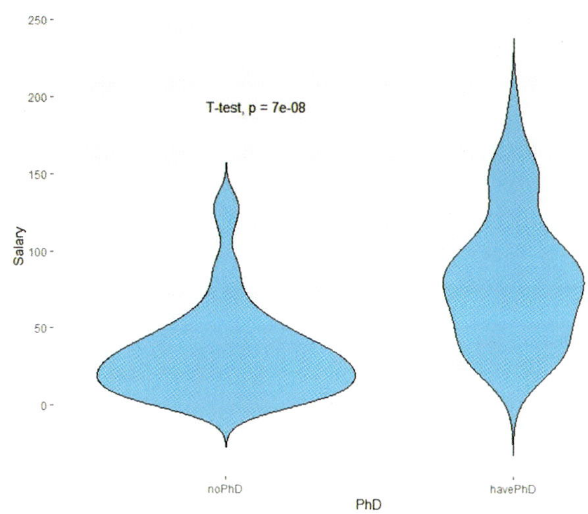

• stat_compare_means(method="t.test") 함수로 바이올린 그래프에 t-검정의 p-값을 추가하였다.

세 집단 이상의 모평균 차이를 검정하는 F-검정의 p-값을 상자그림에 추가해보자. SalaryGender 데이터프레임의 변수 Age를 팩터로 변환하여 사용하자.

상자그림에 F-검정의 p-값 추가하기

```
SalaryGender %>%
  mutate(Salary_Age = cut_width(Age, width = 10, boundary = min(Age) )) %>%
  ggplot(aes(x = Salary_Age, y = Salary)) +
  geom_boxplot(width = 0.5, fill = "skyblue", color = "black") +
  stat_compare_means(method = "anova", label.y = 180)
```

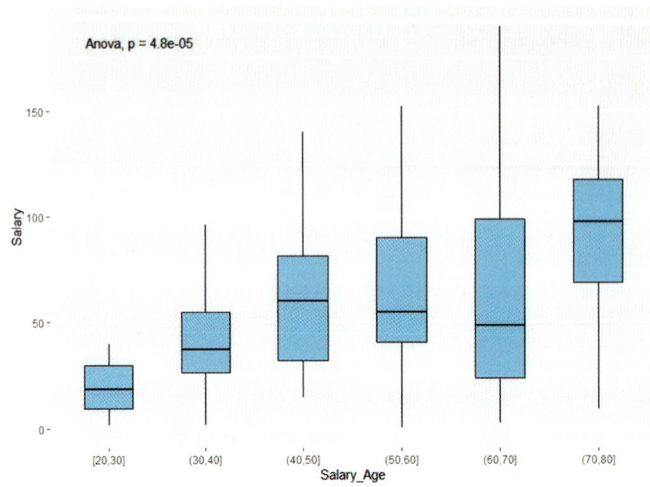

- cut_width() 함수로 Age를 팩터로 변환하여 새로운 변수 Salary_Age를 만들었다.
- stat_compare_means(method = "anova") 함수로 상자그림에 Salary_Age의 6 개 수준에서 Salary의 모평균을 비교하는 F-검정의 p-값을 추가하였다.
- Anova p=4.8e-05이다.
- label.y = 180은 p-값을 나타낼 위치를 나타낸다.

세 집단 이상의 모평균 차이를 검정하는 F-검정을 실시해보자. aov() 함수를 이용하여 F-검정을 할 수 있다. SalaryGender 데이터에서 Age를 팩터로 변환하여 Age의 각 수준에 대한 Salary의 모평균 차이를 검정하는 F-검정을 시행해보자. 먼저 Age를 팩터로 변환하고, 팩터의 각 수준에 라벨을 붙여보자.

Age를 팩터로 변환하고 각 수준에 라벨 붙이기(1)

```
> SalaryGender_Age <- SalaryGender %>%
+   mutate(Salary_Age = cut_width(Age, width = 10, boundary = min(Age)))
> SalaryGender_Age$Age_group <- factor(SalaryGender_Age$Salary_Age,
+                                  label = c("20s", "30s", "40s","50s", "60s", "70s"))
> head(SalaryGender_Age, n = 5)
  Salary Gender Age     PhD Salary_Age Age_group
1  140.0   male  47 havePhD    (40,50]       40s
2   30.0 female  65 havePhD    (60,70]       60s
3   35.1 female  56   noPhD    (50,60]       50s
4   30.0   male  23   noPhD    [20,30]       20s
5   80.0 female  53 havePhD    (50,60]       50s
```

Age를 팩터로 변환하고 각 수준에 라벨 붙이기(1)

```
> str(SalaryGender_Age)
'data.frame':    100 obs. of  6 variables:
 $ Salary     : num  140 30 35.1 30 80 30 60 31.1 125 51 ...
 $ Gender     : Factor w/ 2 levels "female","male": 2 1 1 2 1 1 2 1 2 2 ...
 $ Age        : int  47 65 56 23 53 27 53 30 44 63 ...
 $ PhD        : Factor w/ 2 levels "noPhD","havePhD": 2 2 1 1 2 1 1 1 2 2 ...
 $ Salary_Age: Factor w/ 6 levels "[20,30]","(30,40]",..: 3 5 4 1 4 1 4 1 3 5 ...
 $ Age_group : Factor w/ 6 levels "20s","30s","40s",..: 3 5 4 1 4 1 4 1 3 5 ...
```

- Age를 팩터로 변환하고, 각 수준에 20s, 30s, 40s, 50s, 60s, 70s를 라벨로 붙이고 변수 Age_group에 할당하였다.

Age_group의 각 수준에서 Salary 모평균에 대한 차이검정을 해보자.

Salary 모평균 차이검정: F-검정

```
> Aov <- aov(Salary~Age_group, data = SalaryGender_Age)
> summary(Aov)
            Df Sum Sq Mean Sq F value   Pr(>F)
Age_group    5  44027    8805   6.249 4.78e-05 ***
Residuals   94 132451    1409
---
Signif. codes:  0 '***' 0.001 '**' 0.01 '*' 0.05 '.' 0.1 ' ' 1
```

- aov() 함수를 이용하여 F-검정을 실시하였다.
- p-값이 4.78e-05이다. 이 값이 상자그림에 표시되었다.

F-검정의 p-값과 t-검정의 p-값을 상자그림에 동시에 나타내보자.

F-검정의 p-값과 t-검정의 p-값을 상자그림에 나타내기

```
SalaryGender_Age %>%
  ggplot(aes(x = Age_group, y = Salary)) +
  geom_boxplot(width = 0.5, fill = "skyblue", color = "black") +
  stat_compare_means(method = "t.test",
             comparisons = list(c("20s","30s"), c("20s","40s"), c("20s","50s"),
                                c("20s","60s"), c("20s","70s"),c("30s","40s"),
                                c("30s","50s"), c("30s","60s"), c("30s","70s"),
                                c("40s","50s"), c("40s","60s"), c("40s","70s"),
                                c("50s","60s"), c("50s","70s"), c("60s","70s"))) +
  stat_compare_means(method = "anova", label.y = 500)
```

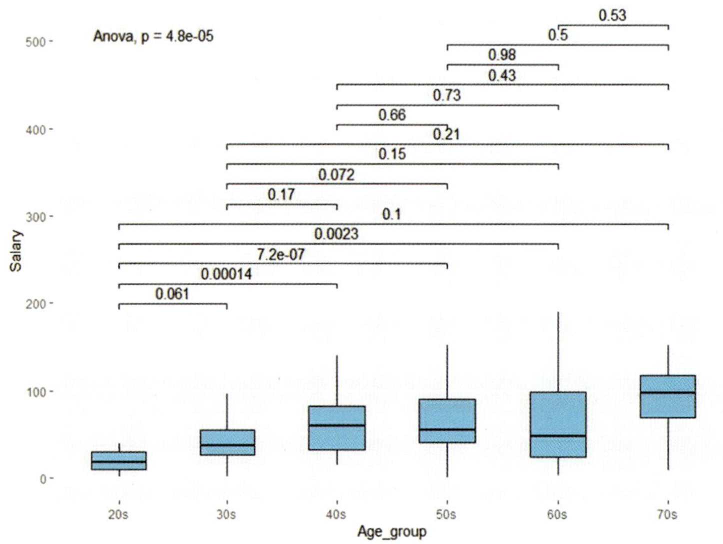

- stat_compare_means(method = "t.test", comparisons = list())로 Age_group의 각각 두 수준의 모평균을 비교하는 t-검정의 p-값을 추가하였다.

Age_group의 각각 두 수준에 대한 t-검정을 실시해보자.

Age_group의 각각 두 수준에 대한 t-검정(20s:30s)

```
> t.test(Salary~Age_group, data = filter(SalaryGender_Age, Age_group == "20s" |
Age_group == "30s"))

        Welch Two Sample t-test

data:  Salary by Age_group
t = -2.187, df = 7.7332, p-value = 0.06134
alternative hypothesis: true difference in means between group 20s and group 30s
is not equal to 0
95 percent confidence interval:
 -47.019302   1.386302
sample estimates:
mean in group 20s mean in group 30s
          19.0960           41.9125
```

- "20s"와 "30s" 두 그룹의 Salary 모평균 차이검정인 t-검정을 실시하였다.
- 검정의 p-value = 0.06134이다.
- p-값을 상자그림에 나타내었다.
- 다른 두 그룹 간에도 같은 방법으로 모평균 차이검정을 할 수 있다.

Gender의 각 수준에서 noPhD 그룹과 havePhD 사이의 Salary의 모평균 차이검정에 대한 t-검정의 p-값을 추가해보자.

면 분할된 상자그림에 t-검정의 p-값 추가하기

```
SalaryGender %>%
  ggplot(aes(x = PhD, y = Salary)) +
  geom_boxplot(width = 0.5, fill = "skyblue", color = "black") +
  facet_wrap(~Gender) +
  stat_compare_means(method = "t.test")
```

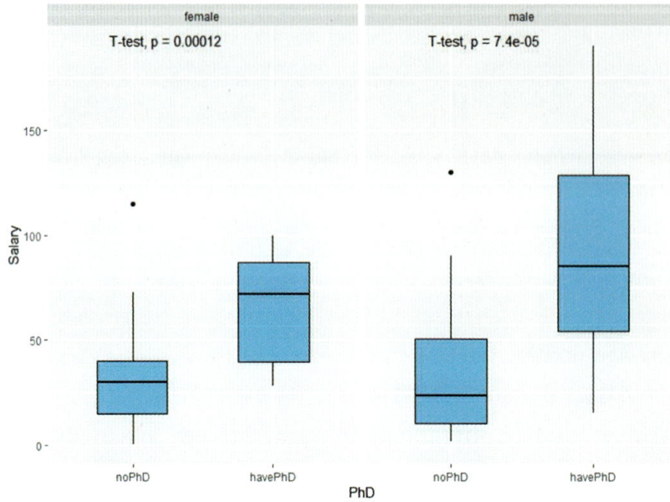

- female 그룹에서 noPhD와 havePhD의 Salary의 모평균 차이를 검정하는 t-검정의 p-값과 male 그룹에서 noPhD와 havePhD의 Salary의 모평균 차이를 검정하는 t-검정의 p-값을 추가하였다.

female 그룹에서 noPhD와 havePhD에 대한 모평균차이검정

```
> t.test(Salary~PhD, data = SalaryGender, subset = Gender=="female")

	Welch Two Sample t-test

data:  Salary by PhD
t = -4.5858, df = 23.829, p-value = 0.0001209
alternative hypothesis: true difference in means between group noPhD and group
havePhD is not equal to 0
95 percent confidence interval:
 -50.76315 -19.24352
sample estimates:
  mean in group noPhD mean in group havePhD
             31.13000              66.13333
```

- female 그룹에서 noPhD와 havePhD의 Salary 모평균 차이검정을 위해 t-검정을 실시하였다.
- 검정에 대한 p-value = 0.0001209이다.
- 이 값을 상자그림에 나타내었다.

• male 그룹에서도 같은 방법으로 t-검정을 할 수 있다.

상자그림, 바이올린 그래프 그리고 점도표를 겹쳐서 그린 그래프에 t-test p-값을 추가해보자.

상자그림, 바이올린 그래프 점도표가 겹쳐진 그래프에 t-검정 p-값 추가하기

```
SalaryGender %>%
  ggplot(aes(x = PhD, y = Salary )) +
  geom_violin(color = "black", trim = FALSE, fill = "skyblue") +
  geom_boxplot(width = 0.3) +
  geom_jitter(width = 0.2, color = "red")+
  stat_compare_means(method = "t.test", label.y = 230)
```

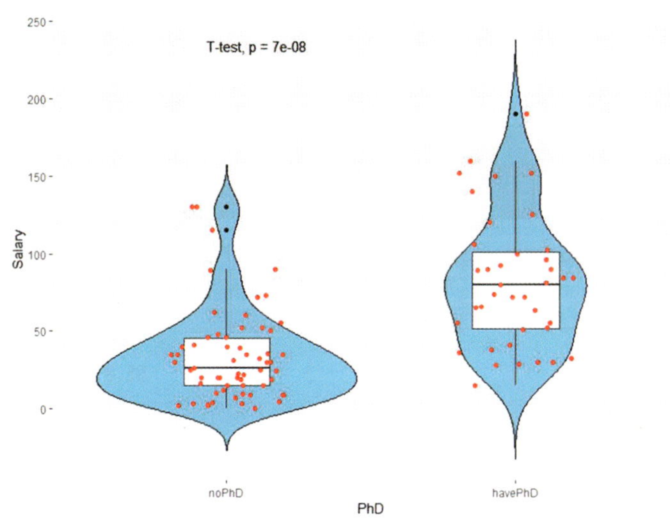

산점도(geom_point())

산점도는 두 개의 연속형 변수 사이의 관계를 나타내기 위해서 많이 사용된다. SalaryGender 데이터를 이용해서 산점도를 작성해보자.

Age와 Salary의 산점도

```
SalaryGender %>%
  ggplot(aes(x = Age, y = Salary )) +
  geom_point()
```

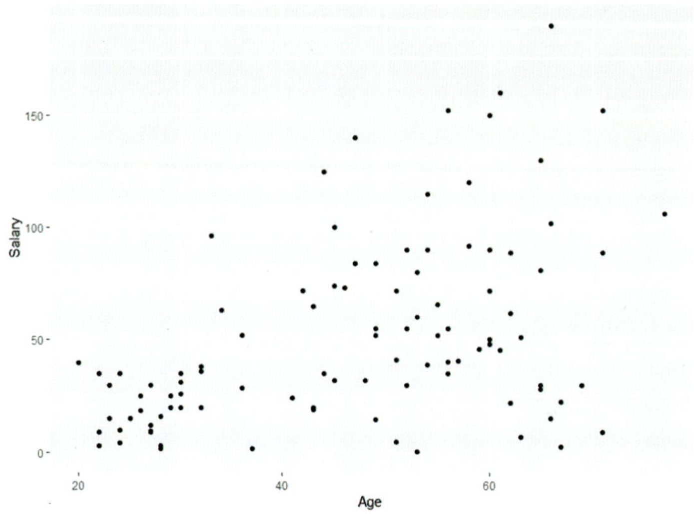

• geom_point() 함수로 Age와 Salary에 대한 산점도를 작성하였다. x축, y축에 모두 연속형 변수를 매핑시킨다.

점 모양과 색상 그리고 크기를 변경해보자.

점 모양, 색상, 크기 지정(1)

```
SalaryGender %>%
  ggplot(aes(x = Age, y = Salary )) +
  geom_point(shape = 19, color = "skyblue", size = 3)
```

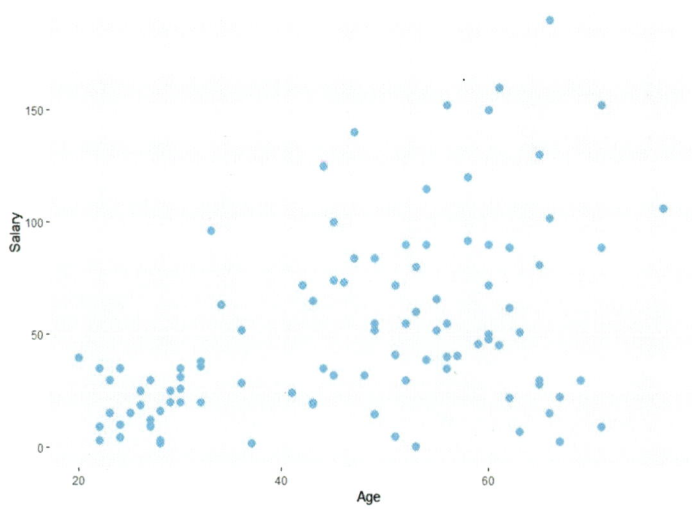

- shape = 19로 점 모양, color = "skyblue"로 점 색상, size = 3으로 점 크기를 지정하였다.
- 0~25 사이의 숫자로 점의 형태를 나타낸다. 각 숫자에 해당하는 점의 모양은 다음과 같다.

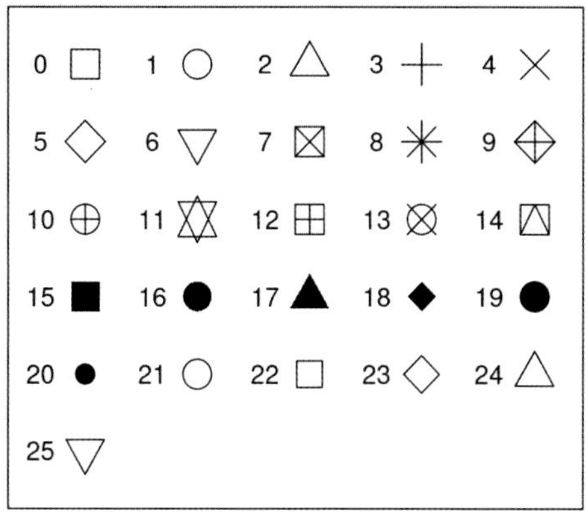

21~25번 사이의 점에 색상을 지정할 때는 fill을 이용해야 한다.

점 모양, 색상, 크기 지정(2)

```
SalaryGender %>%
  ggplot(aes(x = Age, y = Salary )) +
  geom_point(shape = 21, color = "black", fill = "skyblue", size = 3)
```

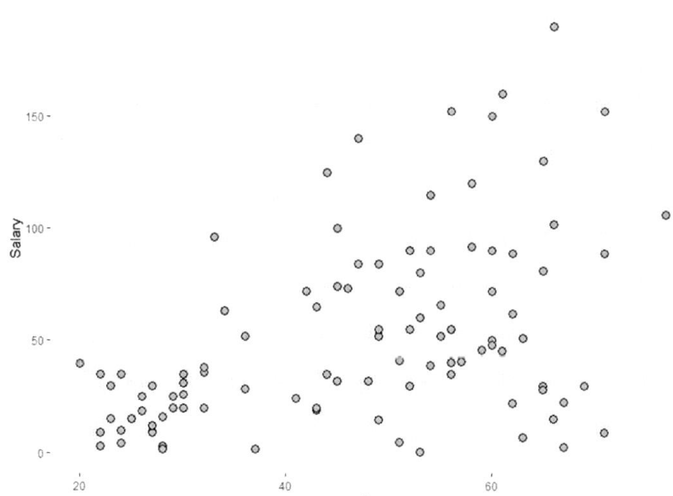

- shape = 21로 점 모양, fill = "skyblue"로 점 색상, color = "black"로 점의 테두리 색상을 지정하였다.

범주형 변수의 범주에 따라 점의 색상을 다르게 해서 산점도를 작성해보자.

PhD의 수준에 따라 점의 색상을 다르게 나타내기

```
SalaryGender %>%
  ggplot(aes(x = Age, y = Salary, color = PhD)) +
  geom_point(shape = 19, size = 3)
```

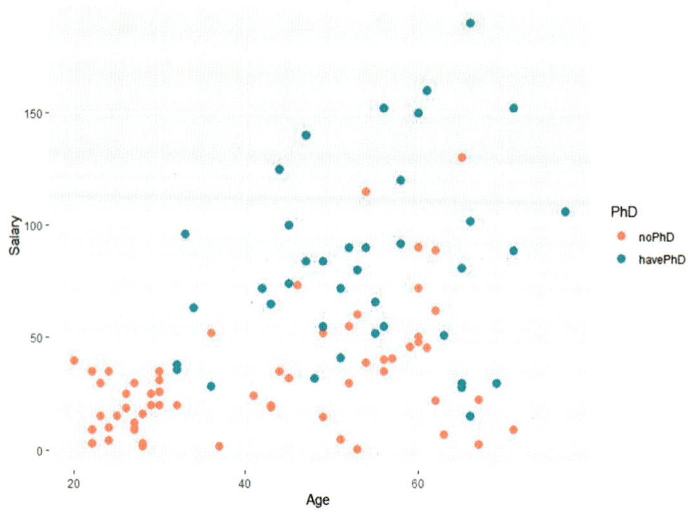

- color = PhD로 매핑해서 Age와 Salary의 선점도를 PhD의 수준에 따라 점의 색상을 다르게 하였다.

범주형 변수의 범주에 따라 면 분할해서 산점도를 작성해보자.

PhD의 수준에 따라 면 분할해서 산점도 작성하기

```
SalaryGender %>%
  ggplot(aes(x = Age, y = Salary)) +
  geom_point(shape = 19, color = "skyblue", size = 3) +
  facet_wrap(~PhD)
```

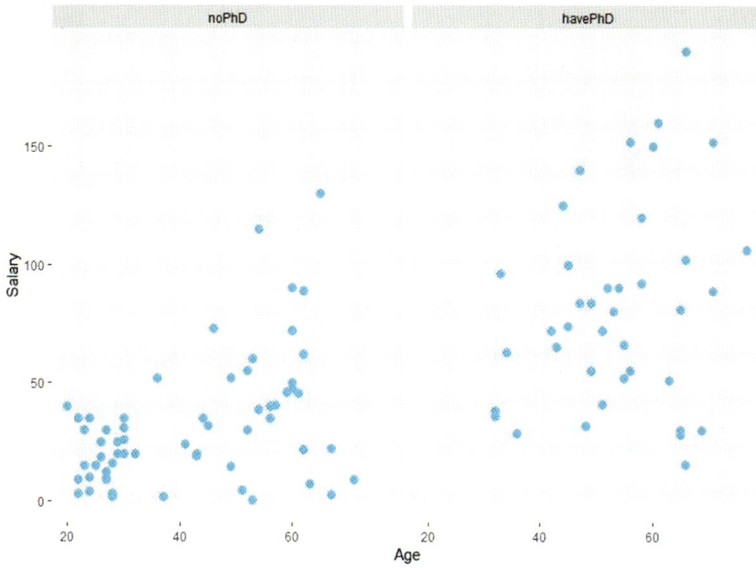

• facet_wrap(~PhD) 함수로 PhD의 수준에 따라 면 분할해서 Age와 Salary의 산점도를 작성하였다.

color와 shape에 범주형 변수를 매핑해서 범주형 변수의 범주에 따라 점의 모양과 색상을 다르게 나타내보자.

범주형 변수의 수준에 따라 점의 모양과 색상을 다르게 나타내기

```
SalaryGender %>%
  ggplot(aes(x = Age, y = Salary, color = PhD, shape = Gender)) +
  geom_point(size = 3)
```

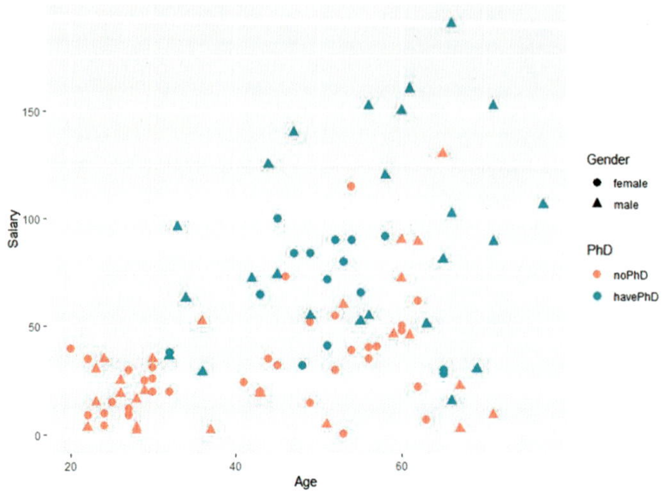

• color =PhD, shape=Gender로 매핑해서 PhD와 Gender의 각 수준의 조합에서 점의 모양과 색상을 다르게 나타내었다.

산점도에 점들이 지나는 경향을 나타내는 추세선을 추가해보자.

산점도에 추세선 추가하기

```
SalaryGender %>%
  ggplot(aes(x = Age, y = Salary, color = PhD)) +
  geom_point(size = 3) +
  geom_smooth(method = lm)
```

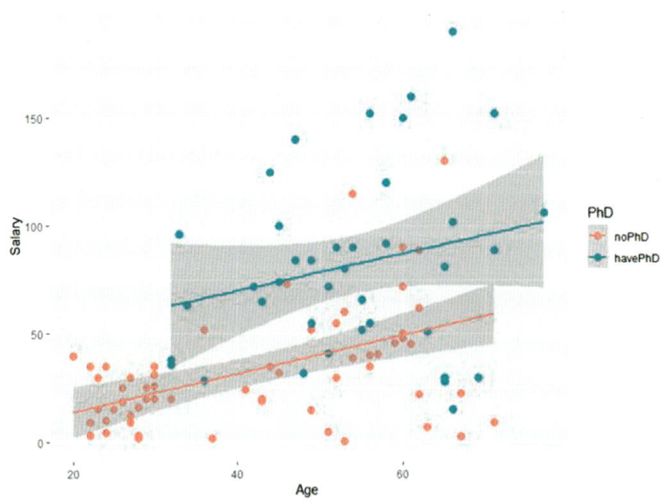

- geom_smooth()로 점들이 지나는 추세선과 추세선의 신뢰구간을 나타내었다.
- method=lm은 추세선을 추정하는 방법을 나타낸다.

lm() 함수를 이용하여 추세선을 추정해보자.

추세선 추정

```
> lm(Salary~Age, subset = (PhD == "havePhD"), SalaryGender)

Call:
lm(formula = Salary ~ Age, data = SalaryGender, subset = (PhD ==
    "havePhD"))

Coefficients:
(Intercept)          Age
     35.307        0.866
> lm(Salary~Age, subset = (PhD == "noPhD"), SalaryGender)

Call:
lm(formula = Salary ~ Age, data = SalaryGender, subset = (PhD ==
    "noPhD"))

Coefficients:
(Intercept)          Age
    -4.2337       0.8945
```

- lm() 함수로 havePhD와 noPhD그룹에서 Salary와 Age의 추세선을 구하였다.
- 추세선_havePhD: Salary = 35.307 + 0.866Age.
- 추세선_noPhD: Salary= −4.2337 + 0.8945Age.
- 이 추세선이 산점도에 표시되었다.

추세선의 신뢰구간을 없애보자.

추세선의 신뢰구간 없애기

```
SalaryGender %>%
  ggplot(aes(x = Age, y = Salary, color = PhD)) +
  geom_point(size = 3) +
  geom_smooth(method = lm, se = FALSE)
```

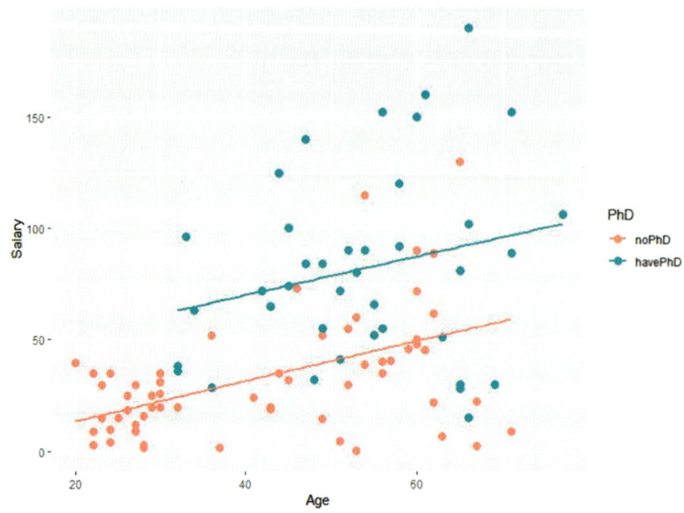

• se = FALSE는 신뢰구간을 표시하지 않는다.

전체 데이터프레임에 대해서 PhD의 각 수준에 대해서 점의 색상을 다르게 해서 산점도를 작성하고, havePhD 그룹에서 Age와 Salary의 관계를 나타내는 추세선을 female과 male 수준에서 각각 다른 형태의 직선으로 그래프를 나타내보자.

기하객체에 데이터프레임 지정하기

```
SalaryGender %>%
  ggplot(aes(x = Age, y = Salary)) +
  geom_point(aes(color = PhD), size = 3) +
  geom_smooth(data = filter(SalaryGender, PhD == "havePhD"),
              aes(linetype = Gender),se = FALSE, method = lm)
```

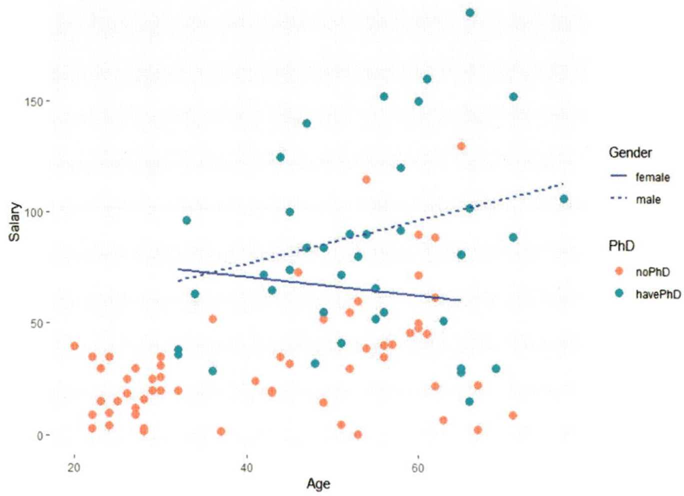

- 기하객체 geom_point(aes(color=PhD))에만 color=PhD를 매핑해서 PhD의 수준에 따라 점의 색상을 다르게 해서 산점도를 작성했다.
- geom_smooth(data=filter(SalaryGender,PhD=="havePhD"),aes(linetype=Gender),se=FALSE,method = lm)에서 filter 함수를 이용하여 변수 PhD가 havePhD값을 갖는 관측만 추출하였다. 그리고 linetype에 Gender를 매핑해서 female과 male의 추세선의 모양을 다르게 나타내었다.
- havePhD 그룹을 나타내는 파란색 점에서 점선은 male에 대한 추세선이고, 실선은 female에 대한 추세선이다.
- havePhD 그룹에서 male은 나이가 많아지면 Salary가 완만하게 증가하는 것으로 추정되었고, female은 나이가 많아지면 Salary가 완만하게 감소하는 것으로 추정되었다.
- ggplot() 함수에 있는 매핑은 ggplot() 함수 이후에 오는 모든 기하객체에 다 적용되지만, 기하객체(geom_)에 있는 매핑은 해당 geom_*()에만 적용된다.

havePhD 그룹에서 female과 male에 대한 Age와 Salary의 추세선을 추정해보자.

havePhD 그룹에서 female과 male에 대한 Age와 Salary의 추세선 추정

```
> lm(Salary~Age, subset = (PhD == "havePhD" & Gender == "male"), SalaryGender)
Call:
lm(formula = Salary ~ Age, data = SalaryGender, subset = (PhD ==
    "havePhD" & Gender == "male"))
Coefficients:
(Intercept)          Age
```

```
    37.7644        0.9746

> lm(Salary~Age, subset = PhD == "havePhD" & Gender == "female", SalaryGender)
Call:
lm(formula = Salary ~ Age, data = SalaryGender, subset = PhD ==
    "havePhD" & Gender == "female")
Coefficients:
(Intercept)          Age
    87.4791      -0.4169
```

- lm() 함수로 havePhD 그룹에서 male과 female의 추세선을 추정하였다.
- 추세선_male: Salary = 37.7644 + 0.9746Age.
- 추세선_female: Salary = 87.4791 - 0.4169Age.
- 이 추세선이 산점도에 표시되었다.

5.5 그래프 외형 꾸미기

지금까지 ggplot2 패키지를 이용해서 데이터에 내포된 유용한 정보를 탐색하기 위해 데이터를 그래프로 나타내는 방법을 배웠다. 이러한 목적을 위해 그래프를 작성하고 유용한 정보를 탐색하고 지나갔다. 그러나 탐색한 유용한 정보를 필요로 하는 사람들에게 그 결과를 보여주고자 할 때는 그 사람들이 그 결과를 쉽게 이해할 수 있도록 그래프의 외형을 조절할 필요가 있다. 여기서는 ggplot2에서 제공하는 그래프 외형 조절 도구에 관해서 설명하고자 한다.

그래프 제목과 축 제목 붙이기

그래프의 제목과 축 제목을 붙여보자. labs() 함수를 이용하면 그래프 제목과 축 제목을 붙일 수 있다.

그래프 제목과 축 제목 붙이기

```
SalaryGender %>%
  ggplot(aes(x = Gender, y = Salary)) +
  geom_violin(color = "black", fill = "skyblue") +
```

```
labs(
  title = "Violin plot of Salary by Gender level",
  x = "Gender level",
  y = "Annual Salary in $1,000"
)
```

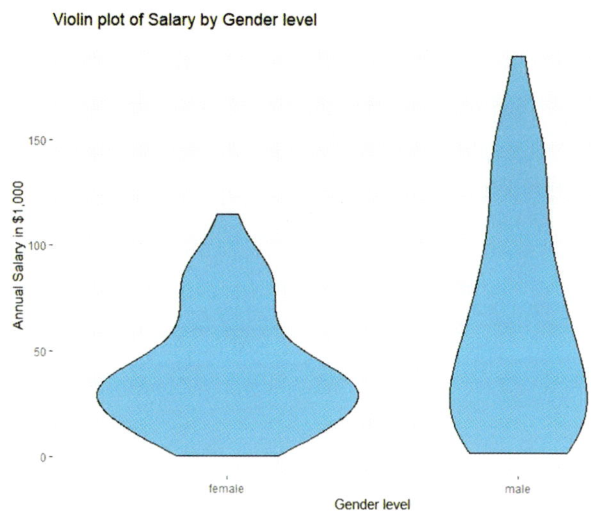

- labs() 함수로 그래프 제목과 x축, y축의 제목을 붙였다.

ggtitle(), xlab(), ylab() 함수를 이용해서 그래프 제목과 x축, y축의 제목을 붙여보자.

그래프 제목과 축 제목 붙이기

```
SalaryGender %>%
  ggplot(aes(x = Gender, y = Salary)) +
  geom_violin(color = "black", fill = "skyblue") +
  ggtitle("Violin plot of Salary by Gender level") +
  xlab("Gender level") +
  ylab("Annual Salary in $1,000")
```

- 결과는 labs() 함수를 사용했을 때와 같다.

그래프 제목과 축 제목 등을 디자인해보자. theme() 함수를 이용하면 그래프 제목과 x축, y축 제목의 모양을 변경할 수 있다.

그래프 제목과 축 제목의 모양 변경하기

```
SalaryGender %>%
  ggplot(aes(x = Gender, y = Salary)) +
  geom_violin(color = "black", fill = "skyblue") +
  labs(
    title = "Violin plot of Salary by Gender level",
    x = "Gender level",
    y = "Annual Salary in $1,000"
  ) +
  theme(
    plot.title = element_text(face = "bold", color = "red", size = 20,
                              vjust = 0.1, hjust = 0.5),
    axis.title = element_text(face = "bold.italic", color = "blue", size = 16)
  )
```

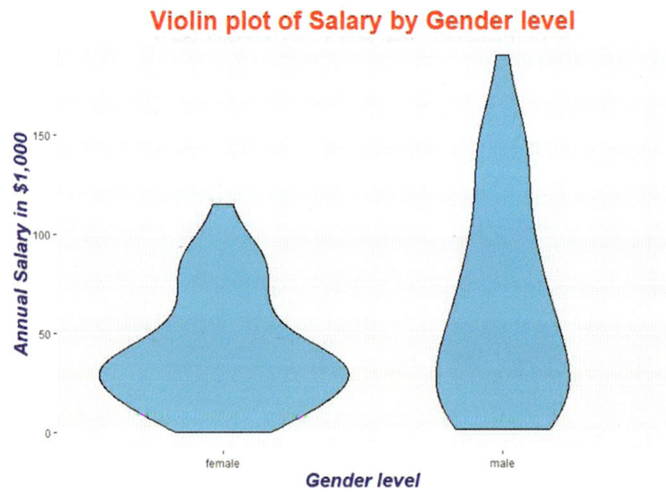

- theme() 함수로 그래프 제목과 x축, y축 제목의 모양을 변경하였다.
- 그래프 제목의 모양을 변경하기 위해서 theme 요소 plot.title을 사용하였다.
- element_text() 함수를 이용하여 plot.title에서 사용되는 속성들을 지정하였다.
- 속성 face는 제목 폰트(plain, bold, italic, bold.italic)를 지정한다.
- color는 글자 색상을 나타낸다. size는 글자 크기를 결정한다.

• vjust는 제목의 수직 위치, hjust는 제목의 수평 위치를 나타낸다.
• x와 y축을 동시에 제목의 모양을 변경하기 위해서 theme 요소 axis.title을 사용하였다. 사용되는 속성은 plot.title과 동일하다.

축 제목의 각도를 설정해보자.

그래프 제목과 축 제목의 모양 변경하기(제목 각도 조절)

```
SalaryGender %>%
  ggplot(aes(x = Gender, y = Salary)) +
  geom_violin(color = "blue", fill = "skyblue") +
  ggtitle("Boxplot of Salary by Gender level") +
  xlab("Gender level") +
  ylab("Annual Salary in $1,000") +
  theme(
    plot.title = element_text(face = "bold", color = "red", size = 20,
                              vjust = 0.5, hjust = 0.5),
    axis.title.x = element_text(face = "bold.italic", color = "blue", size = 16,
                                angle = 10),
    axis.title.y = element_text(face = "bold.italic", color = "blue", size = 16)
  )
```

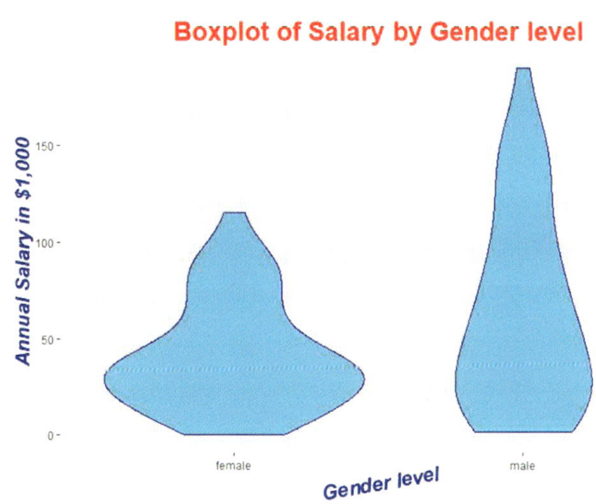

• 속성 angle = 10으로 x축 제목을 10도로 기울어지게 하였다.
• x축 제목만 변경할 때 axis.title.x, y축 제목만 변경하면 axis.title.y를 사용한다.

그래프의 부제목과 그래프 아래쪽에 문장을 넣어보자.

그래프 부제목과 아래쪽에 문장 넣기

```
SalaryGender %>%
  ggplot(aes(x = Gender, y = Salary)) +
  geom_violin(color = "black", fill = "skyblue") +
  labs(
    title = "Violin plot of Salary by Gender level",
    x = "Gender level",
    y = "Annual Salary in $1,000",
    subtitle = "Comparison of Annual Salary by Gender",
    caption = "Data : Lock5Data::SalaryGender"
  ) +
  theme(
    plot.title = element_text(face = "bold", color = "red", size = 20,
                              vjust = 0.5, hjust = 0.5),
    axis.title = element_text(face = "bold.italic", color = "blue", size = 16),
    plot.subtitle = element_text(face = "bold.italic", color = "blue",
                                 size = 15, vjust = 0.5, hjust = 0.5),
    plot.caption = element_text(face = "bold", color = "red", size = 15,
                                vjust = 0.5, hjust = 1)
  )
```

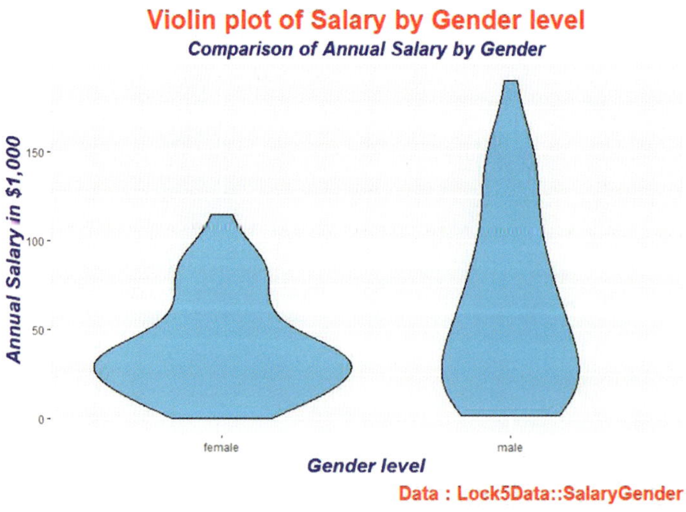

- labs() 함수에서 subtitle과 caption을 이용하여 그래프의 부제목과 그래프 아래쪽에 문장을 추가하였다.
- theme 요소 plot.subtitle과 plot.caption을 이용하여 부제목과 아래쪽 텍스트의 모양을 변경하였다.

축 눈금 모양 변경

축 눈금의 모양을 변경해보자.

축 눈금 모양 설정하기

```
SalaryGender %>%
  ggplot(aes(x = Gender, y = Salary)) +
  geom_violin(color = "blue", fill = "skyblue") +
  theme(
    axis.text = element_text(face = "plain", color = "blue", size = 12,
                             angle = 10)
  )
```

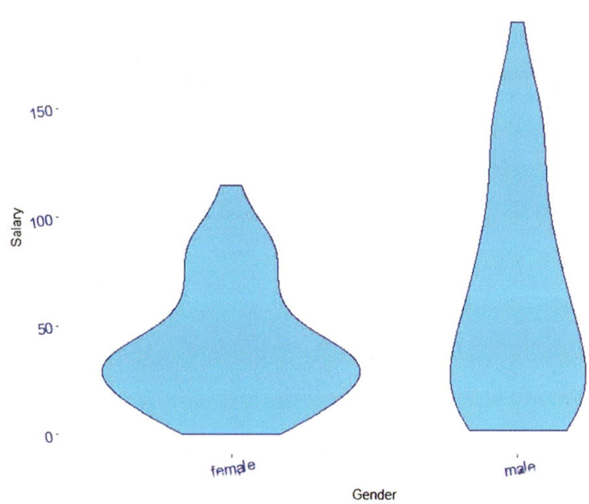

- 축 눈금의 모양을 설정하기 위해서 theme 요소 axis.text를 이용하였다. 사용되는 속성은 axis.title와 동일하다.

범례 모양 변경

범례 모양을 변경해보자.

범례 모양 변경하기

```
SalaryGender %>%
  ggplot(aes(x = Gender, y = Salary, fill = PhD)) +
  geom_boxplot(width = 0.5, color = "black") +
  theme(
    legend.title = element_text(face = "bold", size = 13, color = "tomato"),
    legend.text = element_text(face = "plain", size = 10, color = "blue")
  )
```

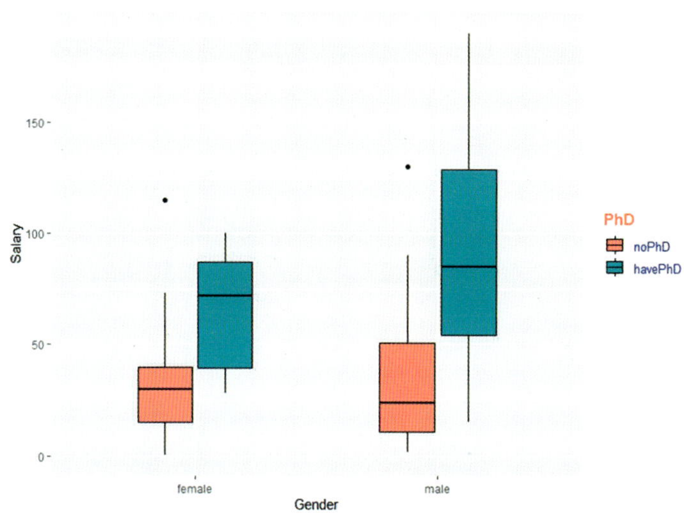

- theme 요소 legend.title(범례 제목), legend.text(범례 항목)를 이용하여 범례 제목과 항목의 모양을 변경하였다. 사용되는 속성은 axis.title와 동일하다.

범례 제목을 변경해보자.

범례 제목 변경하기(1)

```
SalaryGender %>%
  ggplot(aes(x = Gender, y = Salary, fill = PhD)) +
  geom_boxplot(width = 0.5, color = "black") +
  labs(fill = "Doctor of Philosophy") +
  theme(
    legend.title = element_text(face = "bold", size = 13, color = "tomato"),
    legend.text = element_text(face = "plain", size = 10, color = "blue")
  )
```

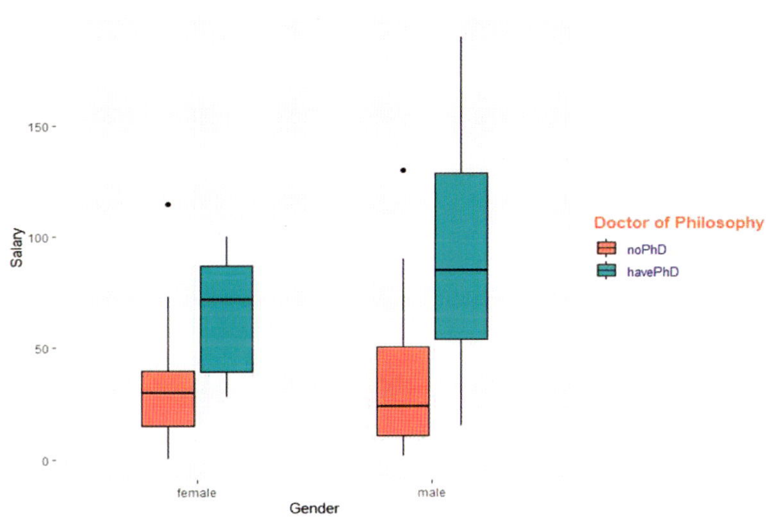

- labs() 함수로 범례 제목을 바꾸었다.
- fill = PhD로 매핑되었기 때문에 labs(fill = "Doctor of Philosophy")에서 fill = "Doctor of Philosophy"로 설정하였다.

범례 제목 변경하기(2)

```
SalaryGender %>%
  ggplot(aes(x = Gender, y = Salary, color = Gender)) +
  geom_boxplot(width = 0.5) +
  labs(color = "Sex") +
  facet_wrap(~PhD) +
```

```
  theme(
    legend.title = element_text(face = "bold", size = 13, color = "tomato"),
    legend.text = element_text(face = "plain", size = 10, color = "blue")
  )
```

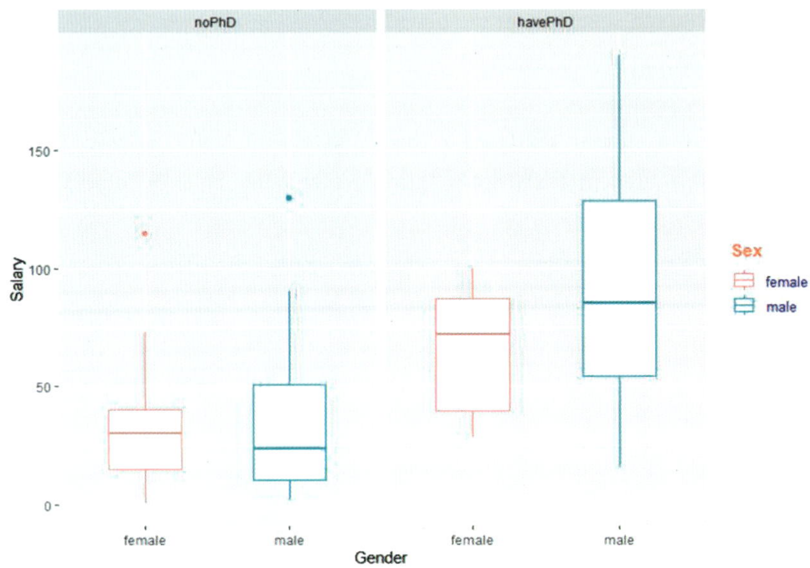

• labs() 함수를 이용하여 범례 제목을 Sex로 바꾸었다.
• color = Gender로 매핑되었기 때문에 labs(color = "Sex")에서 color = "Sex"로 설정하였다.

위 그림에서 color = Gender로 매핑을 하였기 때문에 자동적으로 Gender 제목으로 범례가 생성된다. 그러나 x축에 Gender를 지정하였기 때문에 Gender의 수준이 x축에 표시되어있다. 따라서 Gender 제목으로 생성된 범례는 필요가 없다. 범례를 삭제하는 방법을 살펴보자.

범례 삭제하기

```
SalaryGender %>%
  ggplot(aes(x = Gender, y = Salary, color = Gender)) +
  geom_boxplot(width = 0.5) +
  labs(color = "Sex") +
  facet_wrap(~PhD) +
  theme(
```

```
    legend.title = element_text(face = "bold", size = 13, color = "tomato"),
    legend.text = element_text(face = "plain", size = 10, color = "blue"),
    legend.position = "None"
  )
```

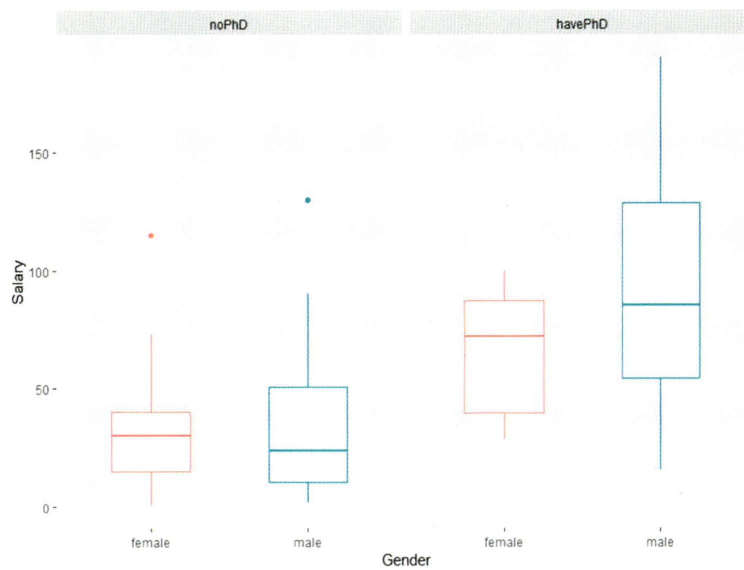

- theme 요소 legend.position = "None"를 이용하여 범례를 삭제하였다.

범례의 위치를 변경해보자.

범례 위치 변경

```
SalaryGender %>%
  ggplot(aes(x = Gender, y = Salary, fill = PhD)) +
  geom_boxplot(width = 0.5, color = "black") +
  theme(
    legend.title = element_text(face = "bold", size = 13, color = "tomato"),
    legend.text = element_text(face = "plain", size = 10, color = "blue"),
    legend.position = "bottom"
  )
```

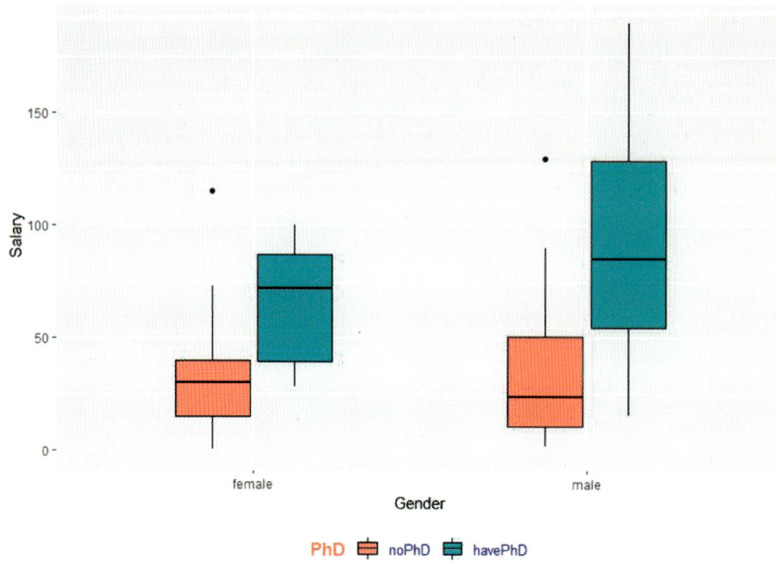

• legend.position="bottom"으로 지정하여 범례를 그래프 아래쪽에 표시하였다.

범례의 배경을 변경해보자.

범례 배경 변경

```
SalaryGender %>%
  ggplot(aes(x = Gender, y = Salary, fill = PhD)) +
  geom_boxplot(width = 0.5, color = "black") +
  theme(
    legend.title = element_text(face = "bold", size = 13, color = "tomato"),
    legend.text = element_text(face = "plain", size = 10, color = "blue"),
    legend.position = "bottom",
    legend.background = element_rect(color = "red", fill = "gray", size = 2)
  )
```

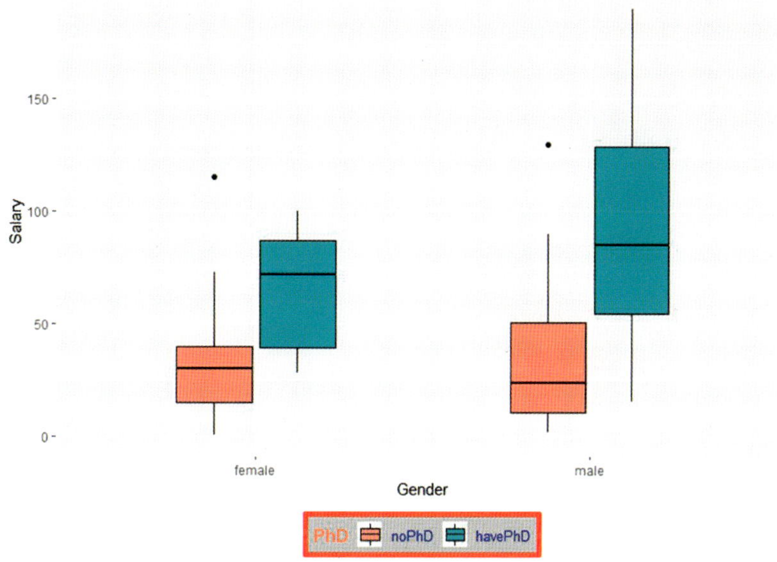

• legend.background = element_rect(color="red,"fill="gray,"size=2)로 지정하여 범례의 배경을 변경하였다.
• color는 테두리 색상, fill은 배경 색상, size는 배경의 테두리 두께를 나타낸다.

범례의 키를 변경해보자.

범례 키 변경

```
SalaryGender %>%
  ggplot(aes(x = Gender, y = Salary, fill = PhD)) +
  geom_boxplot(width = 0.5, color = "black") +
  theme(
    legend.title = element_text(face = "bold", size = 13, color = "tomato"),
    legend.text = element_text(face = "plain", size = 10, color = "blue"),
    legend.position = "bottom",
    legend.background = element_rect(color = "red", fill = "gray", size = 2),
    legend.key = element_rect(color = "blue",size = 0.5)
  )
```

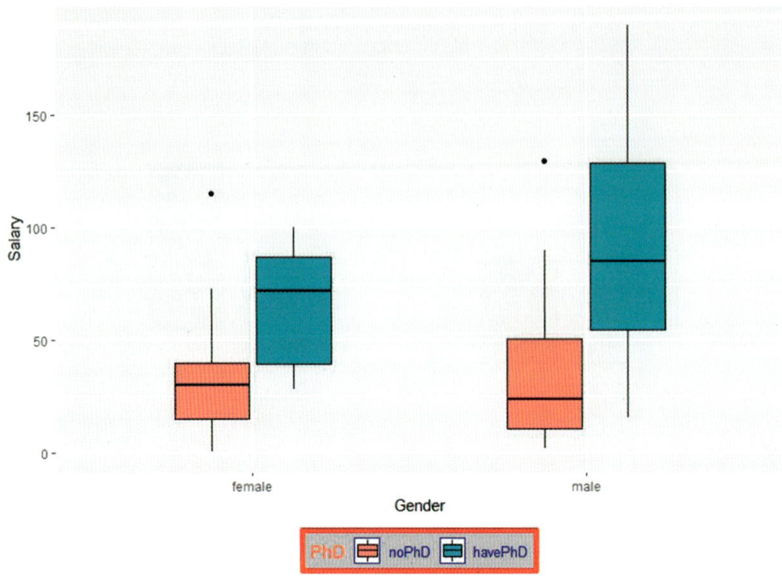

• legend.key = element_rect(color = "blue",size = 0.5)를 이용하여 범례 키를 변경하였다.

산점도의 관측값에 라벨 붙이기

산점도의 관측값에 라벨을 붙여보자. geom_text(), geom_label(), ggrepel 패키지에 있는 geom_label_repel() 함수를 이용하여 라벨을 붙일 수 있다.

관측값에 라벨 붙이기(1): geom_text()

```
SalaryGender %>%
  ggplot(aes(x = Age, y = Salary, color = PhD)) +
  geom_point()+
  geom_text(aes(label = PhD), size = 3)
```

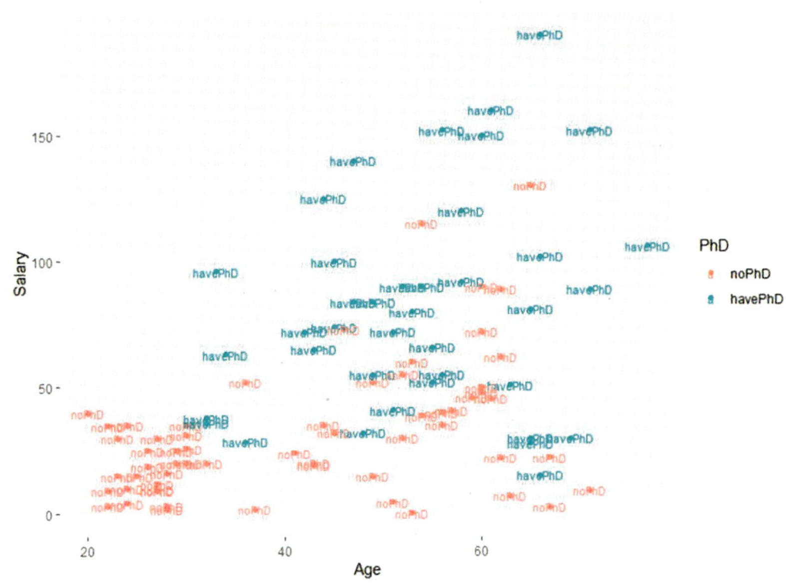

- geom_text(aes(label = PhD)) 함수에서 label = PhD로 매핑해서, 각 점이 포함된 수준을 라벨로 나타내었다.
- size는 라벨의 크기를 나타낸다.

Salary>100이고, Age>40인 관측값에만 라벨을 붙여보자.

관측값에 라벨 붙이기(2): geom_text()

```
SalaryGender %>%
  ggplot(aes(x = Age, y = Salary, color = PhD)) +
  geom_point()+
  geom_text(data = filter(SalaryGender, Salary > 100, Age > 40),
            aes(label = PhD), size = 3)
```

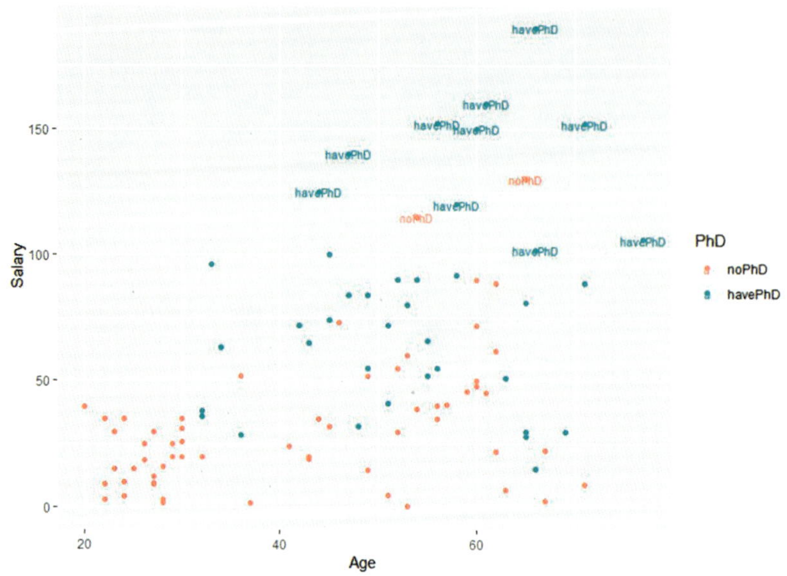

• filter(SalaryGender, Salary > 100, Age > 40) 함수로 Salary>100이고 Age>40인 관측값에만 라벨을 붙였다.

geom_text() 함수를 이용하면 라벨과 점이 겹쳐서 표시되고, 라벨이 겹치거나, 점이 겹치는 경우가 있어서 가독성이 떨어진다. 이러한 문제는 geom_label() 함수를 이용하면 좀 좋아진다.

관측값에 라벨 붙이기: geom_label()

```
SalaryGender %>%
  ggplot(aes(x = Age, y = Salary, color = PhD)) +
  geom_point(size = 2)+
  geom_label(data = filter(SalaryGender, Salary > 100, Age >40),
             aes(label = PhD), size = 2, alpha = 1, nudge_y = 6, nudge_x = 2)
```

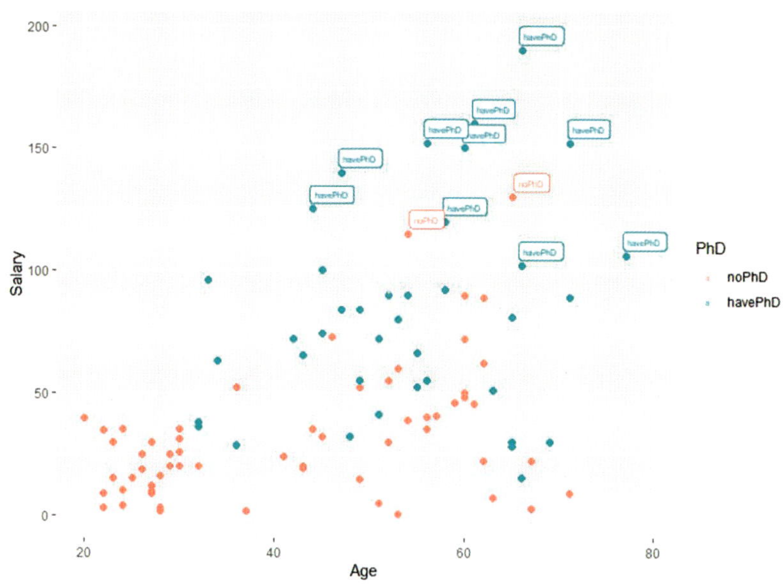

- geom_label() 함수를 이용하면 라벨에 사각형이 그려진다.
- nudge_y와 nudge_x를 이용하여 라벨의 위치를 조절하였다.

ggrepel 패키지에 있는 geom_label_repel() 함수를 이용하면 라벨이 겹치는 경우를 좀 더 쉽게 해결할 수 있다.

관측값에 라벨 붙이기: geom_label_repel()

```
install.packages("ggrepel")
library(ggrepel)
SalaryGender %>%
  ggplot(aes(x = Age, y = Salary, color = PhD)) +
  geom_point(size = 2)+
  geom_label_repel(data = filter(SalaryGender, Salary > 100, Age >40),
                   aes(label = PhD), size = 3)
```

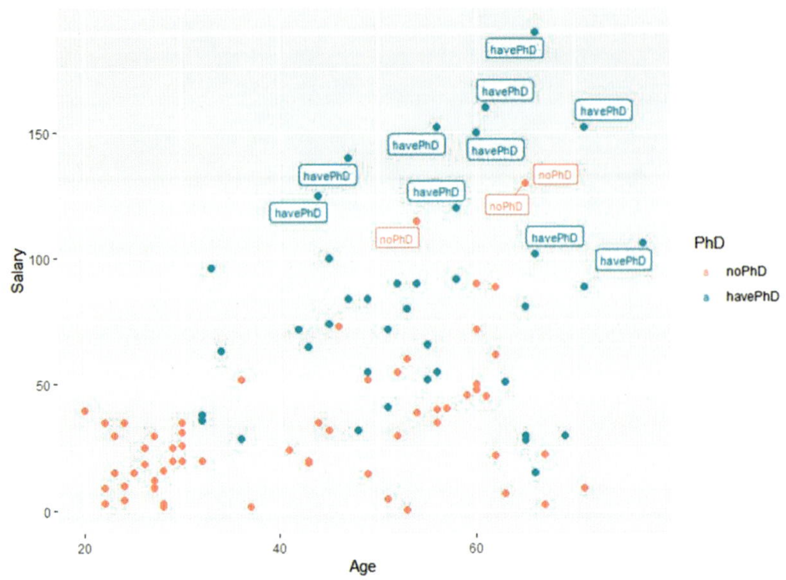

- geom_label_repel(data = filter(SalaryGender, Salary > 100, Age >40), aes(label = PhD), size = 3) 함수로 라벨을 붙였다.
- 이 그래프를 위에 있는 다른 세 개의 그래프와 비교해보면 위에 있는 세 개의 그래프는 오른쪽 상단에 있는 라벨 noPhD가 겹쳐서 표시되어있다. 그러나 이 그래프는 라벨 noPhD가 겹치지 않게 표시된 것을 볼 수 있다.

geom_point()로 산점도를 작성할 때는 같은 값을 가지는 관측은 서로 겹쳐서 표시된다. 이러한 문제는 geom_jitter() 함수를 이용하면 좀 나아진다. geom_jitter() 함수를 이용해서 산점도를 작성해보자.

geom_jitter와 geom_label()

```
SalaryGender %>%
  ggplot(aes(x = Age, y = Salary, color = PhD)) +
  geom_jitter(size = 2, width = 2.5)+
  geom_label(data = filter(SalaryGender, Salary > 100, Age >40),
             aes(label = PhD), size = 2, alpha = 1, nudge_y = 6, nudge_x = 2)
```

• geom_jitter() 함수는 겹쳐있는 점들을 랜덤하게 조금씩 움직여서 산점도를 작성한다.
• 그래프를 보면 우측 상단에 있는 noPhD 점이 두 개로 찍힌 것을 확인할 수 있다.

geom_jitter와 geom_label_repel()

```
SalaryGender %>%
  ggplot(aes(x = Age, y = Salary, color = PhD)) +
  geom_jitter(size = 2, width = 2.5)+
  geom_label_repel(data = filter(SalaryGender, Salary > 100, Age >40),
                   aes(label = PhD), size = 2)
```

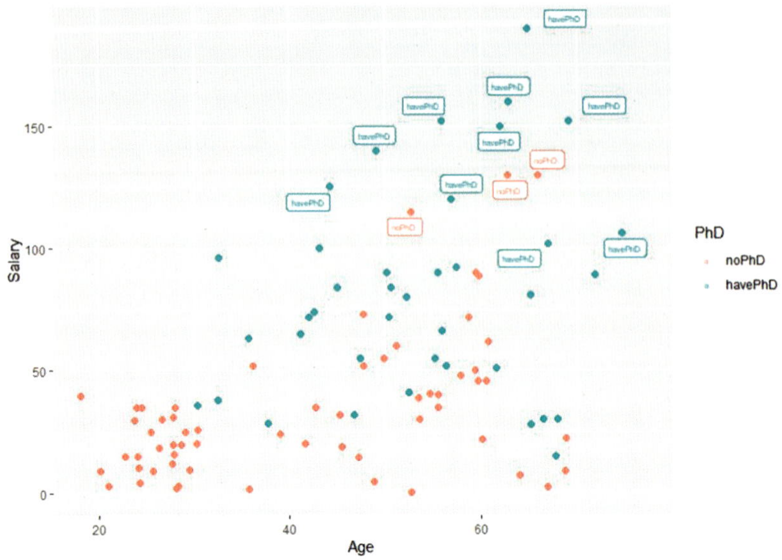

• geom_jitter()와 geom_label_repel() 함수를 이용하여 우측 상단에 있는 noPhD 두 점 모두에 라벨을 붙였다.

축 눈금 스케일 조절하기

축 눈금의 스케일을 조정해보자. scale 함수와 coord_cartesian 함수를 이용하여 축의 눈금을 조절할 수 있다.

축 눈금 스케일 조절하기

```
SalaryGender %>%
  ggplot(aes(x = Age, y = Salary, color = PhD)) +
  geom_point() +
  scale_x_continuous(limits=c(20, 80),breaks = seq(20, 80, 10)) +
  scale_y_continuous(limits=c(0, 200),breaks = seq(0, 200, 20))
```

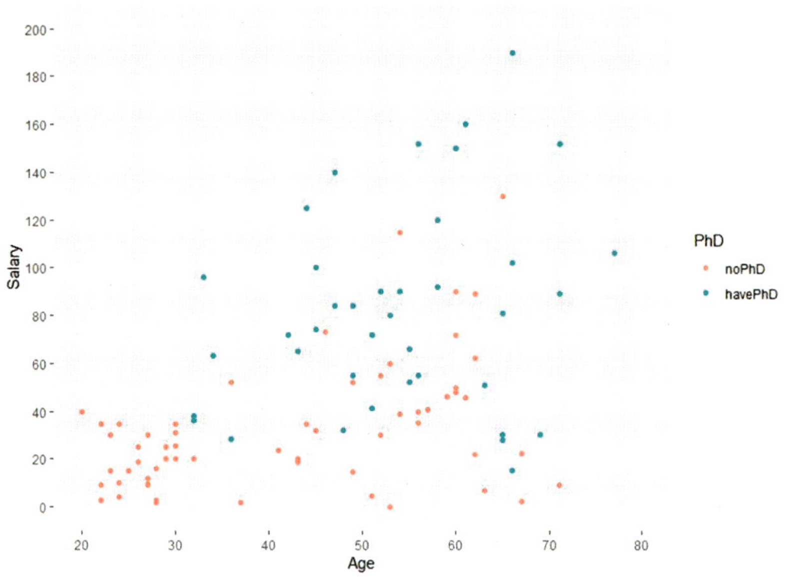

• scale 함수 scale_x_continuous()와 scale_y_continuous()로 x와 y축 눈금의 스케일을 조절하였다. limits=c(20, 80)로 x축의 범위를 설정하였다. limits=c(0, 200)로 y축의 범위를 지정하였다. breaks로 눈금을 표시할 점을 지정하였다.

y축 눈금 스케일 축소하기

```
SalaryGender %>%
  ggplot(aes(x = Age, y = Salary, color = PhD)) +
  geom_point() +
  scale_x_continuous(limits=c(20, 80),breaks = seq(20, 80, 10)) +
  scale_y_continuous(limits=c(0, 80),breaks = seq(0, 80, 20))
```

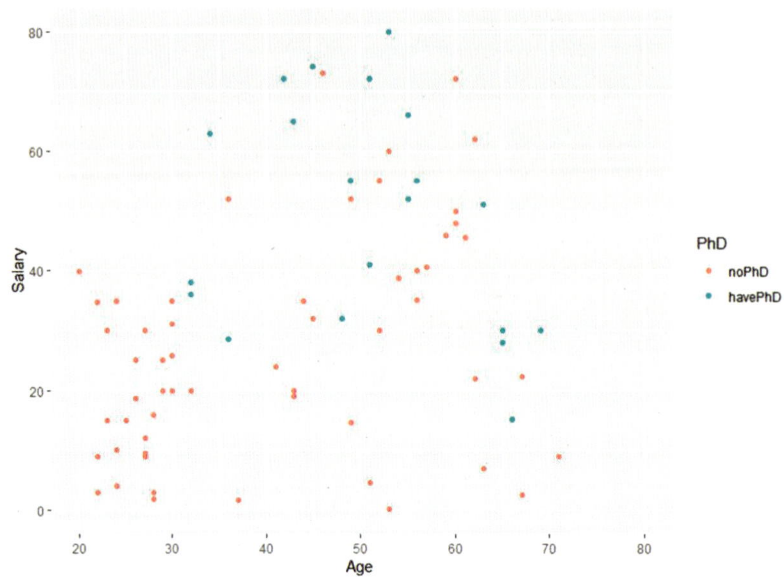

• scale_y_continuous(limits=c(0, 80), breaks=seq(0, 80, 20)) 함수로 y축의 범위를 (0, 200)에서 (0, 80)으로 축소하였다.

• 산점도는 범위 (0, 80)을 벗어나는 데이터를 결측치로 처리하여 24개의 데이터가 삭제된 상태로 그래프가 작성되었다.

• 프로그램을 실행하면 다음과 같은 경고 메시지가 출력된다.

> Warning message:
> Removed 24 rows containing missing values (geom_point).

y축 눈금 스케일 조절하기(1)

```
SalaryGender %>%
  ggplot(aes(x = Salary)) +
  geom_histogram(color = "black") +
  scale_y_continuous(limits = c(0, 15), breaks = seq(0, 15, 5))
```

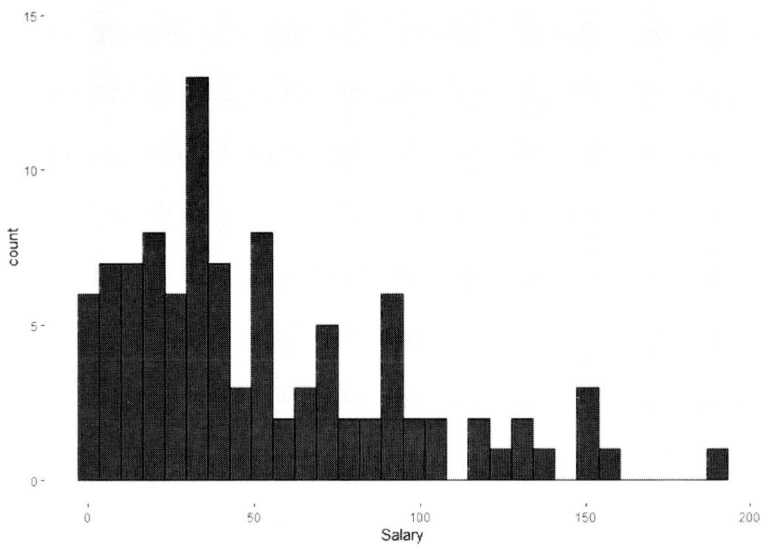

• scale_y_continuous() 함수로 y축 눈금의 스케일을 조절하였다.

y축 눈금 스케일 조절하기(2)

```
SalaryGender %>%
  ggplot(aes(x = Salary)) +
  geom_histogram(color = "black") +
  scale_y_continuous(limits = c(0, 5), breaks = seq(0, 15, 1))
```

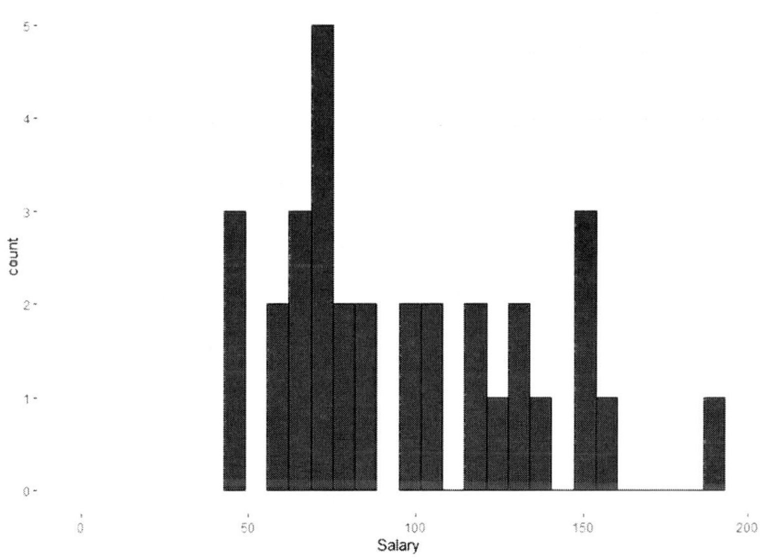

- scale_y_continuous(limits = c(0, 5), breaks = seq(0, 15, 1)) 함수로 y축 범위를 (0, 15)에서 (0, 5)로 축소하였다.
- 히스토그램은 범위 (0, 5)를 벗어나는 데이터를 결측치로 처리하여 9개의 데이터가 삭제된 상태로 그래프가 작성되었다.
- 프로그램을 실행하면 다음과 같은 경고 메시지가 출력된다.

```
Warning message:
Removed 9 rows containing missing values (geom_bar).
```

coord_cartesian() 함수를 이용하여 축의 눈금을 조절해보자.

축의 눈금 스케일 조절하기: coord_cartesian()

```
SalaryGender %>%
  ggplot(aes(x = Salary)) +
  geom_histogram(color = "black") +
  coord_cartesian(ylim = c(0, 5)) +
  scale_y_continuous(breaks = seq(0, 5, 1))
```

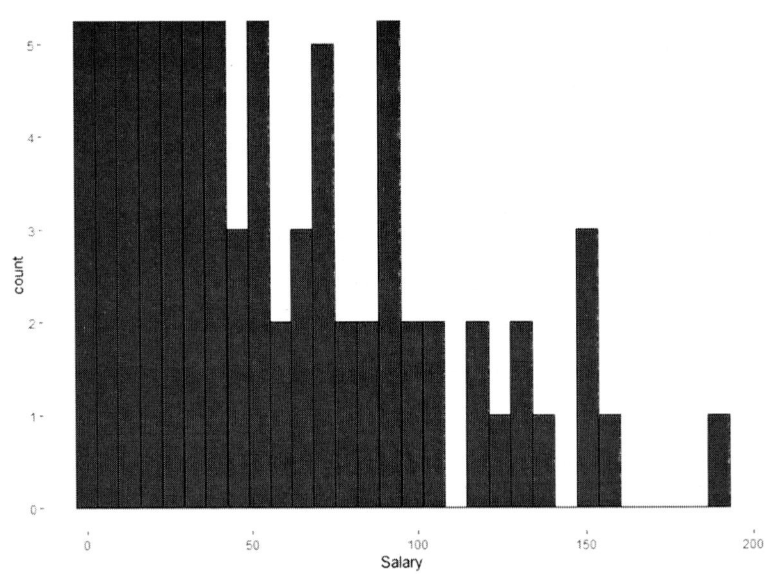

- coord_cartesian(ylim = c(0, 5)) 함수로 y축 범위를 (0, 5)로 축소하였다.
- 히스토그램을 보면 그래프는 확대되었지만, (0, 5) 범위를 벗어난 데이터는 삭제되지 않고 그래프에 그대로 나타난 것을 볼 수 있다.

- scale 함수로 y축의 작은 값을 확대하면 범위를 벗어나는 데이터는 결측치로 취급될 수 있으므로 coord_cartesian() 함수로 y축의 작은 값을 확대하는 것이 좋다.

인수 labels를 이용하여 축 눈금 라벨의 형식을 지정해보자.

축 눈금 라벨 형식 지정하기

```
SalaryGender %>%
  ggplot(aes(x = Salary)) +
  geom_histogram(color = "black") +
  coord_cartesian(ylim = c(0, 5)) +
  scale_x_continuous(breaks = seq(0,200,50),
                     labels = sprintf("$%1.2fK", seq(0, 200, 50))) +
  scale_y_continuous(breaks = seq(0, 5, 1))
```

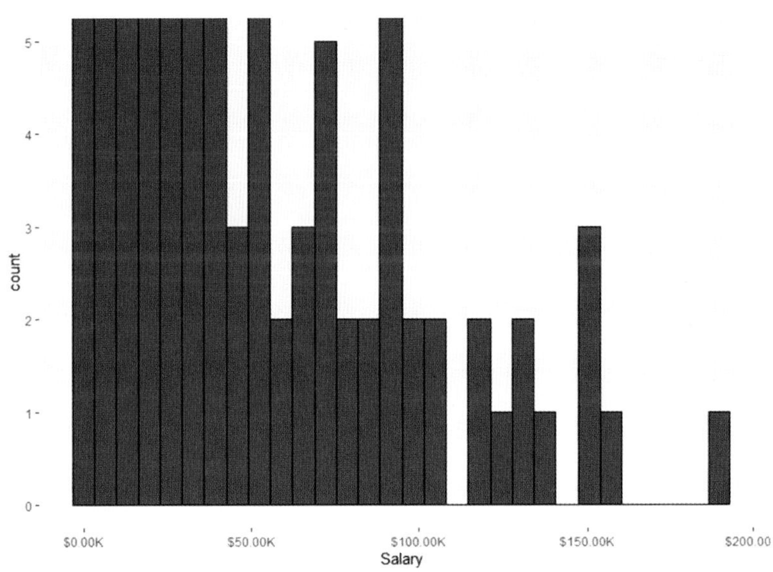

- scale_x_continuous(breaks=seq(0,200,50), labels=sprintf("%1.2fK$", seq(0, 200, 50))) 함수에서 labels로 x축 눈금 라벨의 형식을 설정하였다.

축 회전

축을 회전하는 방법을 살펴보자. 즉 x축과 y축을 바꾸어 보자. coord_flip() 함수를 이용하면 축을 뒤바꿀 수 있다.

축 뒤바꾸기(1)

```
SalaryGender %>%
  ggplot(aes(x = Gender, fill = PhD)) +
  geom_bar() +
  coord_flip()
```

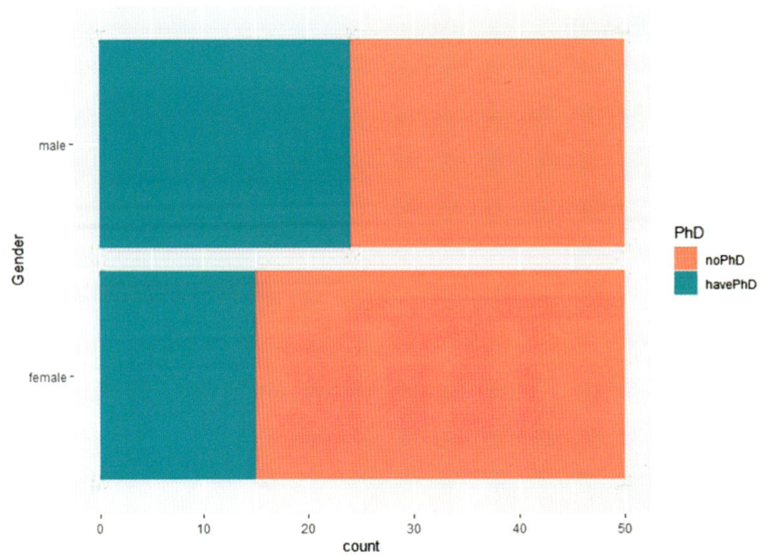

축 뒤바꾸기(2)

```
SalaryGender %>%
  ggplot(aes(x = PhD, y = Salary )) +
  geom_violin(color = “black”, trim = FALSE, fill = “skyblue”) +
  geom_boxplot(width = 0.3) +
  geom_jitter(width = 0.2, color = “red”) +
  coord_flip()
```

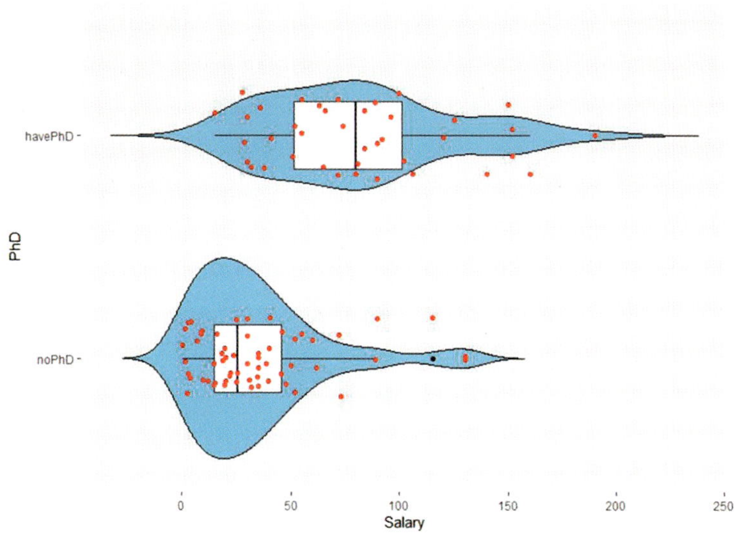

축 뒤바꾸기(3)

```
SalaryGender %>%
  ggplot(aes(x = Age, y = Salary, color = PhD)) +
  geom_jitter(size = 2, width = 2.5) +
  coord_flip()
```

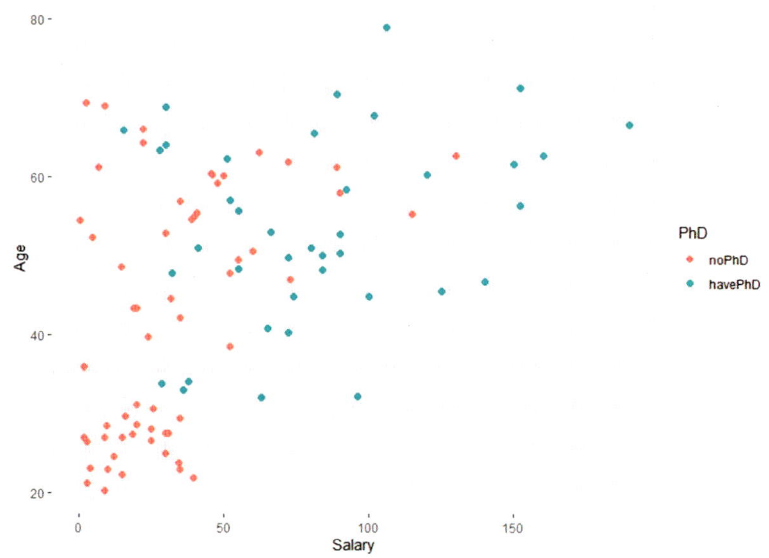

• coord_flip() 함수를 이용하여 x와 y축을 회전해서 그래프를 나타내었다.

그래프 외형 조절하기

그래프의 배경, 축 라인 그리고 분할 면의 외형을 변경해보자.

그래프 배경 변경하기

```
SalaryGender %>%
  ggplot(aes(x = Age, y = Salary, color = PhD)) +
  geom_jitter(size = 2, width = 2.5) +
  theme(
    panel.background = element_rect(fill = "white")
  )
```

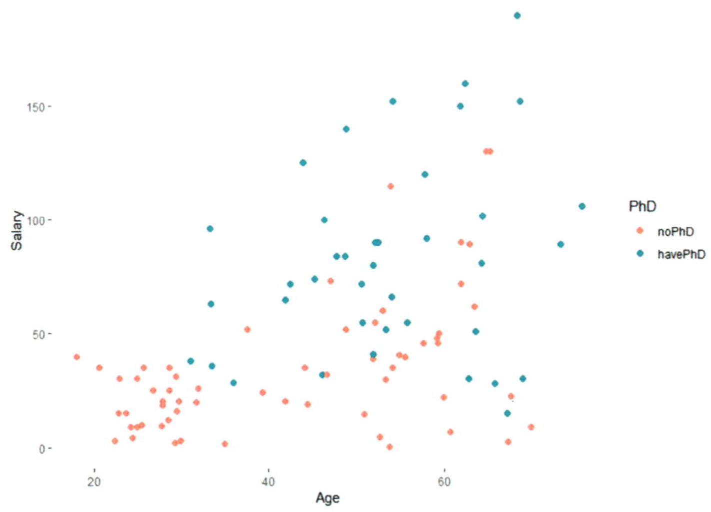

- panel.background = element_rect(fill = "white")로 그래프 배경 색을 흰색으로 변경하였다.

그래프 배경의 격자(grid) 변경하기

```
SalaryGender %>%
  ggplot(aes(x = Age, y = Salary, color = PhD)) +
  geom_jitter(size = 2, width = 2.5) +
  theme(
    panel.background = element_rect(fill = "white"),
    panel.grid = element_line(color = "gray")
  )
```

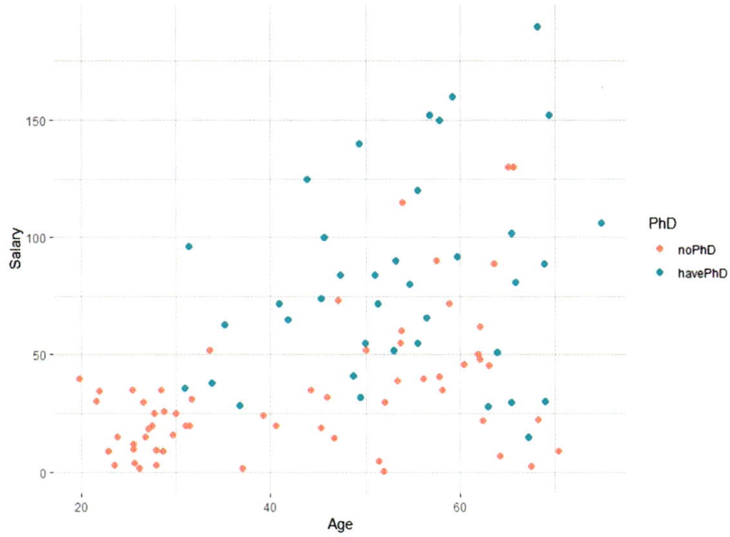

• panel.grid = element_line(color = "gray")로 그래프 배경의 격자무늬 선의 외형 변경하였다.

그래프 축 외형 변경하기

```
SalaryGender %>%
  ggplot(aes(x = Age, y = Salary, color = PhD)) +
  geom_jitter(size = 2, width = 2.5) +
  theme(
    panel.background = element_rect(fill = "white"),
    axis.line = element_line(color = "brown", size = 1)
  )
```

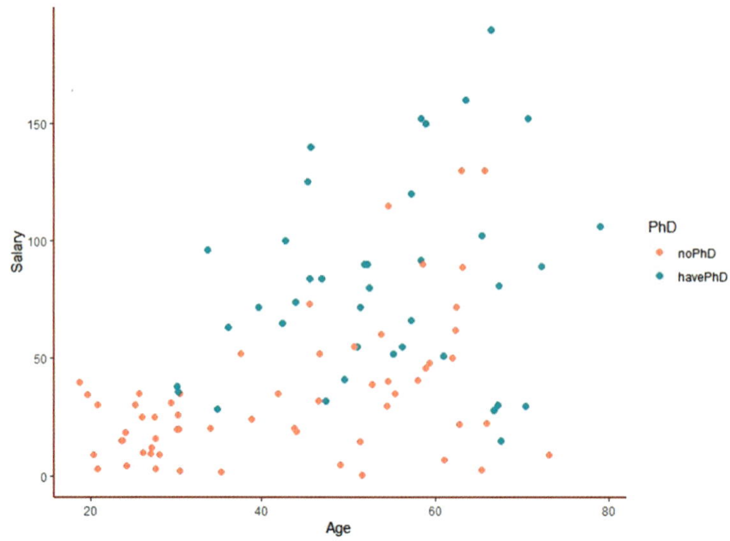

• axis.line = element_line(color = "brown", size = 1)으로 축의 외형을 변경하였다.

분할 면 외형 변경하기

```
SalaryGender %>%
  ggplot(aes(x = PhD, y = Salary)) +
  geom_boxplot(width = 0.5, fill = "skyblue", color = "black") +
  facet_wrap(~Gender) +
  theme(
    strip.background = element_rect(fill = "skyblue"),
    strip.text = element_text(face = "bold", size = 15)
  )
```

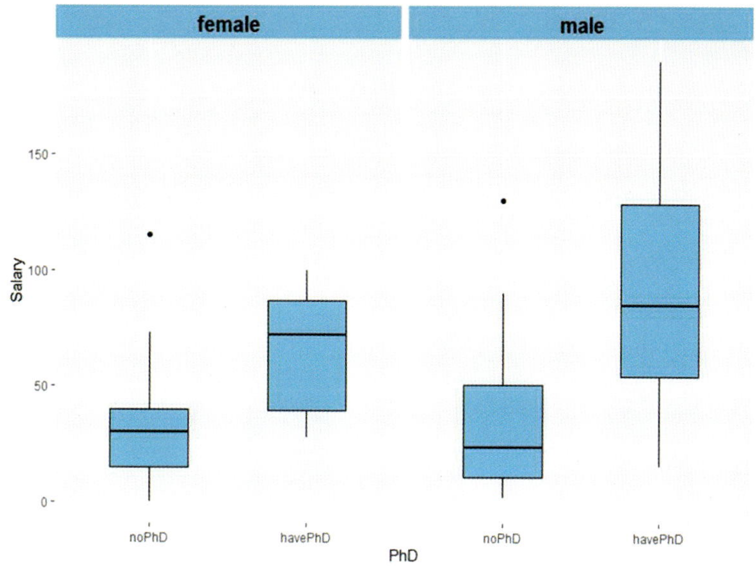

- strip.background = element_rect(fill = "skyblue")로 분할 면의 배경색을 지정하였다.
- strip.text = element_text(face = "bold", size = 15)로 분할 면의 라벨 형식을 지정하였다.

그래프의 전반적인 외형을 조절하기 위해 미리 만들어져 있는 theme()를 이용해보자. ggplot2에서는 다양한 모양의 theme()을 제공한다.

theme_bw()로 그래프 외형 조절하기

```
SalaryGender %>%
  ggplot(aes(x = PhD, y = Salary)) +
  geom_boxplot(width = 0.5, fill = "skyblue", color = "black") +
  facet_wrap(~Gender) +
  theme_bw()
```

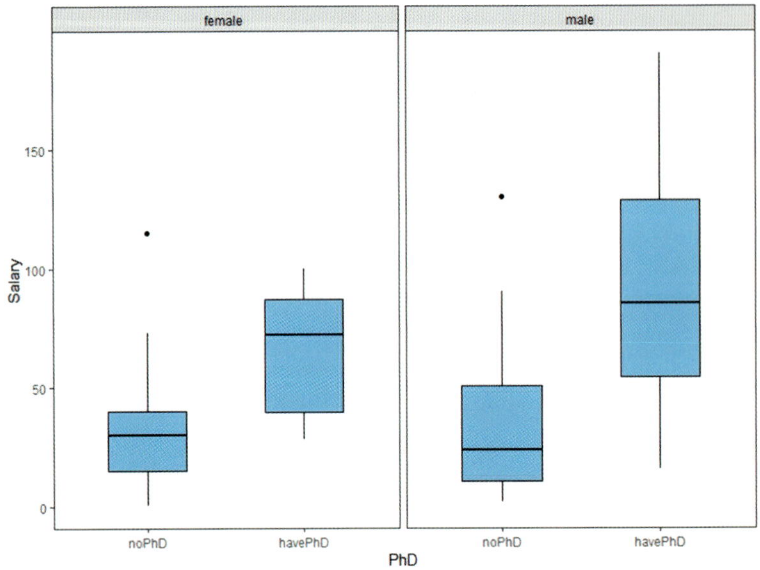

• theme_bw()을 이용한 그래프이다.

theme_light()로 그래프 외형 조절하기

```
SalaryGender %>%
  ggplot(aes(x = PhD, y = Salary)) +
  geom_boxplot(width = 0.5, color = "black", fill = "skyblue") +
  facet_wrap(~Gender) +
  theme_light()
```

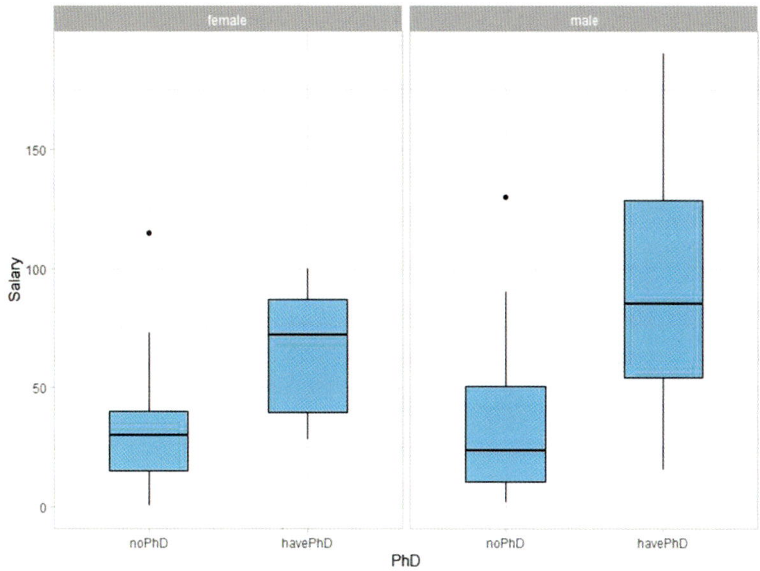

• theme_light()를 이용한 그래프이다.

theme_linedraw()로 그래프 외형 조절하기

```
SalaryGender %>%
  ggplot(aes(x = PhD, y = Salary)) +
  geom_boxplot(width = 0.5, color = "black", fill = "skyblue") +
  facet_wrap(~Gender) +
  theme_linedraw()
```

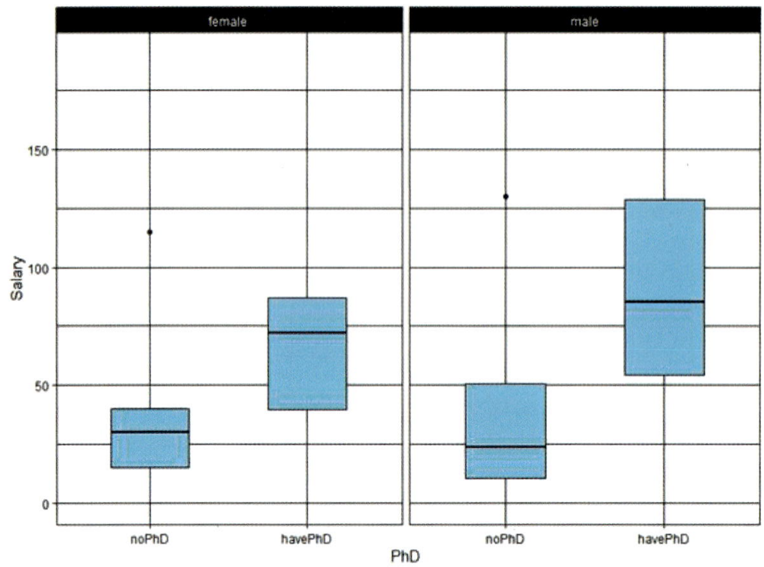

• theme_linedraw()을 이용한 그래프이다.

ggthemes 패키지는 더 다양한 themes()를 제공한다. ggthemes 패키지에서 제공하는 themes()로 그래프 외형을 변경해보자.

theme_hc()를 사용하여 그래프 외형 조절하기

```
install.packages("ggthemes")
library(ggthemes)
SalaryGender %>%
  ggplot(aes(x = PhD, y = Salary)) +
  geom_boxplot(width = 0.5, color = "black", fill = "skyblue") +
  facet_wrap(~Gender) +
  theme_hc()
```

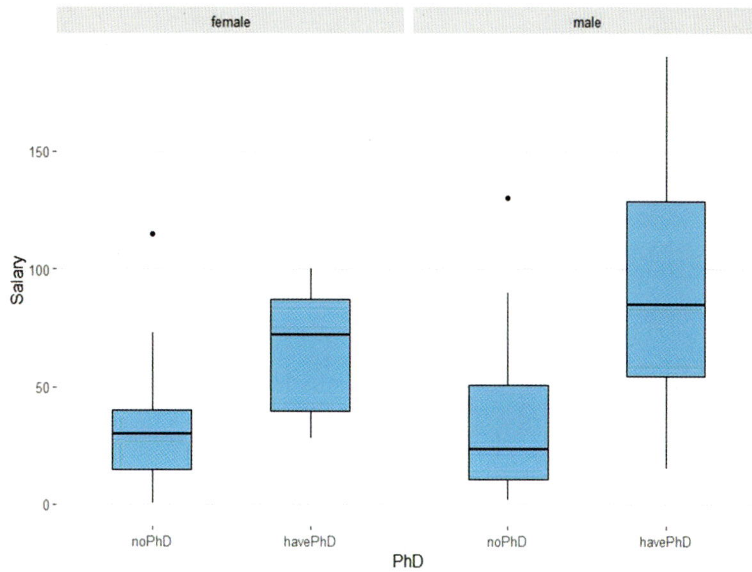

• theme_hc()을 이용한 그래프이다.

theme_clean()로 그래프 외형 조절하기

```
SalaryGender %>%
  ggplot(aes(x = PhD, y = Salary)) +
  geom_boxplot(width = 0.5, color = "black", fill = "skyblue") +
  facet_wrap(~Gender) +
  theme_clean()
```

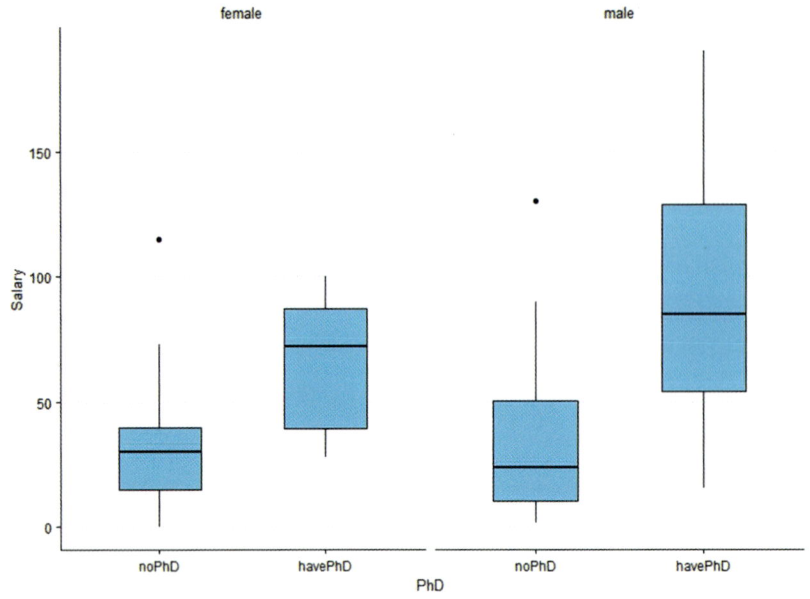

• theme_clean()을 이용한 그래프이다.

theme_excel()로 그래프 외형 조절하기

```
SalaryGender %>%
  ggplot(aes(x = PhD, y = Salary)) +
  geom_boxplot(width = 0.5, color = "black", fill = "skyblue") +
  facet_wrap(~Gender) +
  theme_excel()
```

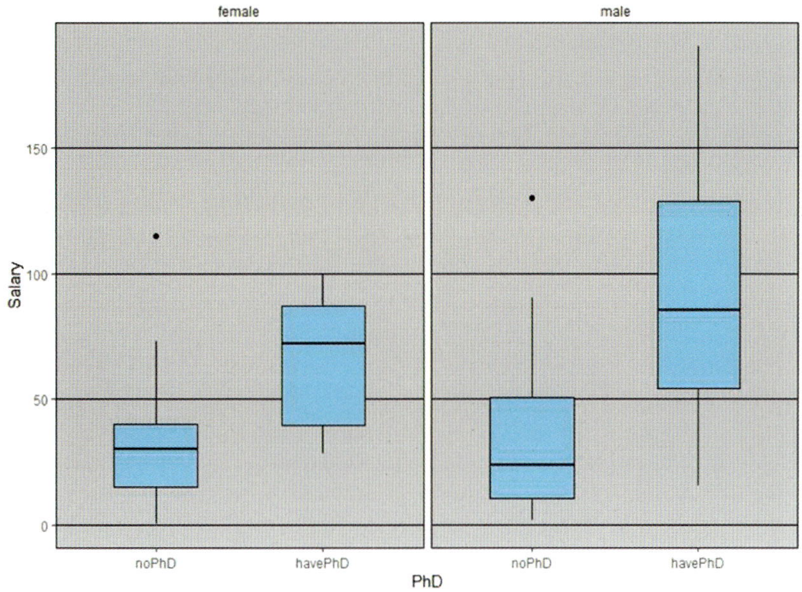

• theme_excel()을 이용한 그래프이다.

theme_excel()와 theme()함수를 사용하여 그래프 외형 조절하기

```
SalaryGender %>%
  ggplot(aes(x = PhD, y = Salary)) +
  geom_boxplot(width = 0.5, color = "black", fill = "skyblue") +
  facet_wrap(~Gender) +
  theme_excel() +
  theme(
    panel.background = element_rect(fill = "gray"),
    panel.grid.major = element_line(colour = "blue", size=1),
    panel.grid.minor = element_line(colour = "yellow", size = 0.2,
                                    linetype = "dashed"),
    axis.line = element_line(colour = "skyblue", size = 1.5),
    legend.title = element_text(face = "bold", size = 13, color = "tomato"),
    legend.text = element_text(face = "plain", size = 10, color = "blue")
  )
```

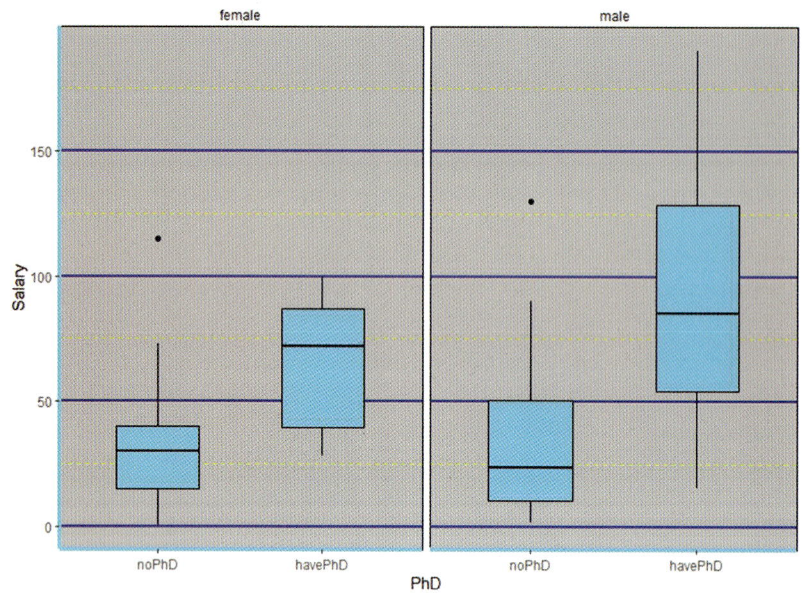

• theme_excel()와 theme() 함수를 사용하여 그래프 외형을 조절하였다.

5.6 산점도 행렬 그리기

여러 개의 변수 간의 관계를 동시에 나타내는 산점도 행렬을 만들어보자. GGally 패키지에서 제공하는 ggpairs() 함수를 이용하여 산점도 행렬을 작성할 수 있다.

산점도 행렬 만들기

```
install.packages("GGally")
library(GGally)
SalaryGender %>%
  ggpairs(showStrips = TRUE)
```

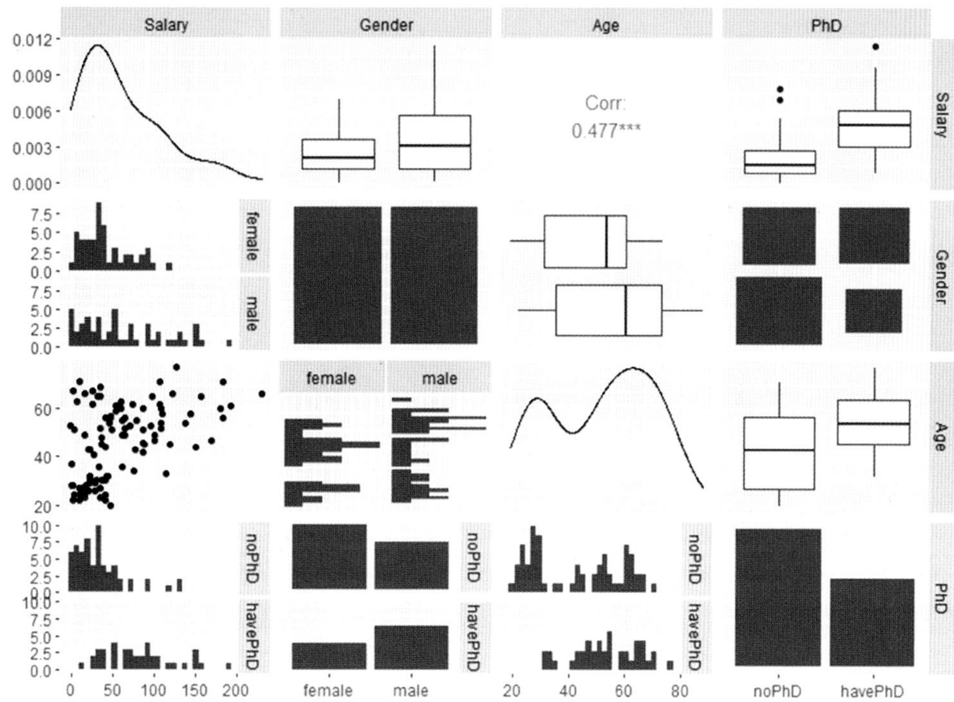

- GGally 패키지를 설치하고 R 세션으로 불러들인다.
- ggpairs() 함수를 이용하여 산점도 행렬을 작성하였다.
- 산점도 행렬의 대각선 원소는 각 변수의 분포를 밀도곡선과 막대그래프로 나타냄.
- 산점도 행렬의 비대각선 원소는 각 변수 사이의 관계를 나타낸다.
- 범주형 변수와 연속형 변수 사이의 관계는 범주형 변수의 각각의 수준에서 연속형 변수의 분포를 히스토그램과 상자그림으로 나타냄.
- 두 연속형 변수에 대해서는 상관계수와 산점도를 나타낸다.
- 두 범주형 변수에 대해서는 각 수준의 조합에서 도수의 크기를 막대그래프로 나타낸다.
- showStrips = TRUE는 분할 면의 라벨을 나타낸다.

산점도 행렬 만들기(1)

```
SalaryGender %>%
  ggpairs(aes(fill = PhD), showStrips = TRUE)
```

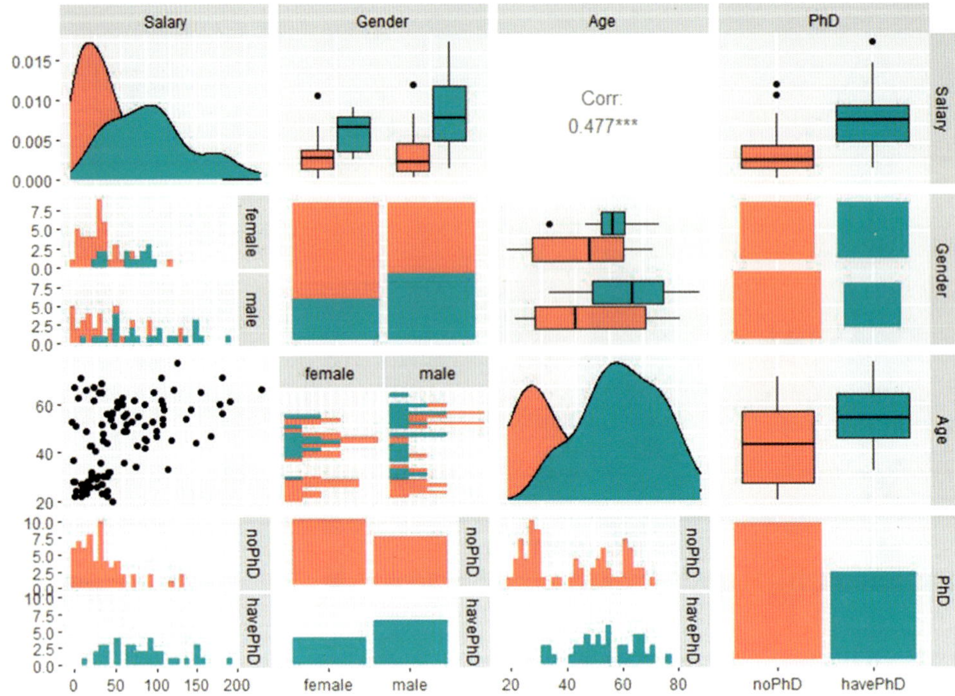

- fill = PhD로 지정하여 PhD의 수준에 따라 막대와 상자 그리고 밀도곡선의 색상을 다르게 해서 그래프를 작성하였다.

산점도 행렬 만들기(2)

```
SalaryGender %>%
  ggpairs(aes(color = Gender), showStrips = TRUE)
```

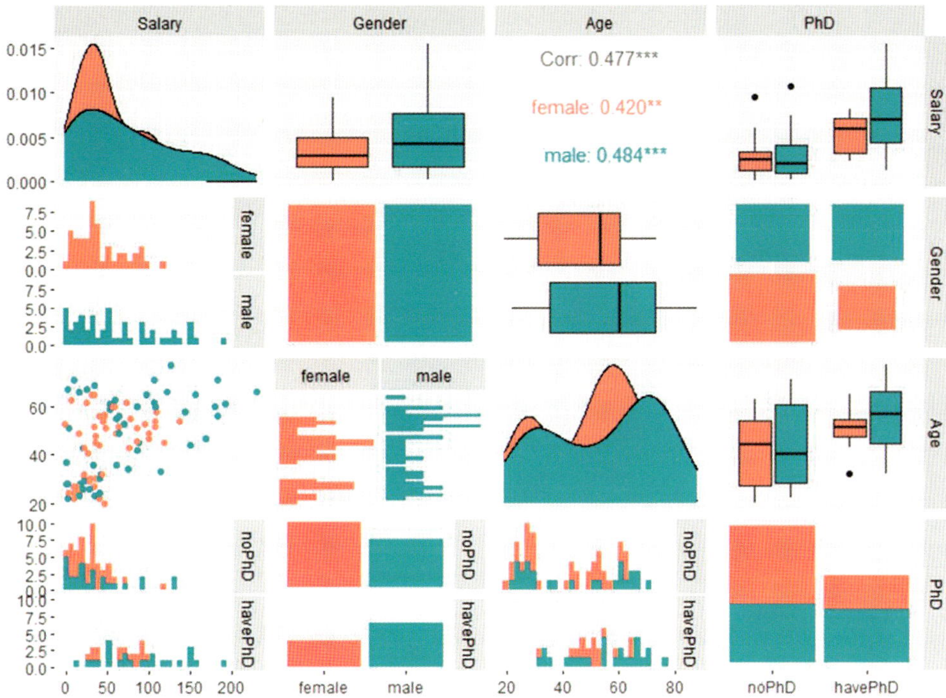

- color = Gender로 지정하여 Gender의 수준에 따라 막대와 상자 그리고 밀도곡선과 점의 색상을 다르게 표시했다.
- Gender의 수준에 따라 상관계수를 분리해서 계산했다.

5.7 데이터프레임 변수 요약

데이터프레임의 변수들에 대해서 그래프와 수치로 요약해보자. inspectdf 패키지에서 제공하는 show_plot()와 inspect_*() 함수를 이용하여 데이터프레임 변수의 정보를 수치와 그래프로 나타낼 수 있다.

inspectdf 인스톨

```
install.packages("inspectdf")
library(inspectdf)
```

범주형 변수에 대한 정보를 요약해보자. inspect_cat() 함수를 이용하면 범주형 변수에 대한 정보를 요약할 수 있다.

범주형 변수의 정보요약

```
> Cat <- inspect_cat(SalaryGender)
> Cat
# A tibble: 2 x 5
  col_name   cnt common common_pcnt levels
  <chr>    <int> <chr>        <dbl> <named list>
1 Gender       2 female          50 <tibble [2 x 3]>
2 PhD          2 noPhD           61 <tibble [2 x 3]>
> Cat$col_name
[1] "Gender" "PhD"
> Cat$cnt
[1] 2 2
> Cat$common
[1] "female" "noPhD"
> Cat$common_pcnt
[1] 50 61
> Cat$levels
$Gender
# A tibble: 2 x 3
  value   prop   cnt
  <chr>  <dbl> <int>
1 female   0.5    50
2 male     0.5    50

$PhD
# A tibble: 2 x 3
  value    prop   cnt
  <chr>   <dbl> <int>
1 noPhD    0.61    61
2 havePhD  0.39    39
```

- inspect_cat(SalaryGender) 함수를 이용하여 데이터프레임 SalaryGender에 속한 범주형 변수에 대한 정보를 수치로 나타내었다.
- 결과는 tibble 형태로 출력되었다.
- col_name은 변수명을 나타낸다.
- cnt는 범수형 변수의 범주(수준) 수를 나타낸다.
- common은 각 범주형 변수의 범주 중에서 도수가 가장 큰 범주만 나타낸다.
- common_pct는 common에 나타난 범주의 백분율을 나타낸다.
- levels는 각 범주형 변수에 대한 도수분포표를 나타낸다.

show_plot() 함수를 이용하면 변수에 대한 정보를 그래프로 나타낼 수 있다.

범주형 변수의 정보를 그래프로 나타내기

```
show_plot(Cat)
```

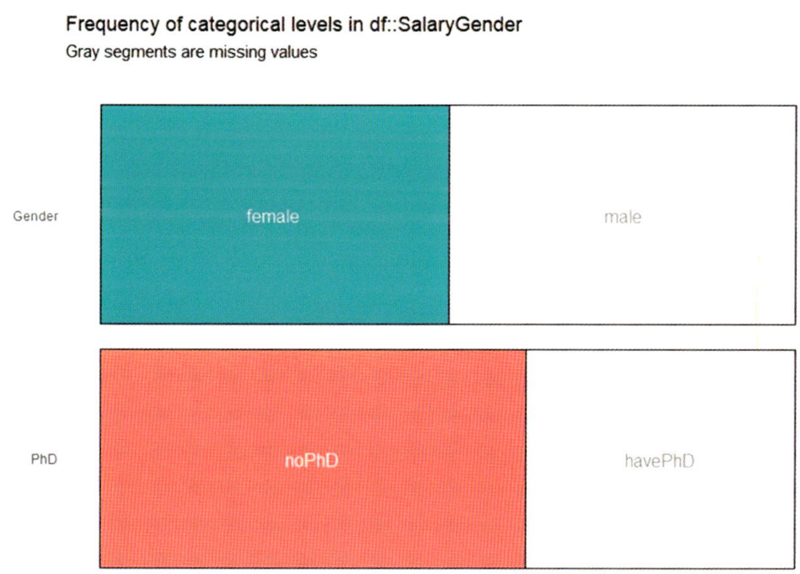

- show_plot()을 이용하여 범주형 변수의 각 수준에 대한 도수를 그래프로 나타냄.

양적변수에 대한 정보를 요약해보자. inspect_num() 함수를 이용하면 양적변수에 대한 정보를 요약할 수 있다.

양적변수에 대한 정보요약

```
> Num <- inspect_num(SalaryGender)
> Num
# A tibble: 2 x 10
  col_name  min    q1 median  mean    q3   max    sd pcnt_na hist
  <chr>    <dbl> <dbl>  <dbl> <dbl> <dbl> <dbl> <dbl>   <dbl> <named list>
1 Salary    0.25  20     39.3  52.5  75.5   190  42.2       0 <tibble [21 x 2]>
2 Age      20     31.5   49    46.9  60      77  15.3       0 <tibble [14 x 2]>
> Num$hist
$Salary
# A tibble: 21 x 2
   value      prop
   <chr>     <dbl>
 1 [-Inf, 0)  0
 2 [0, 10)    0.13
 3 [10, 20)   0.09
 4 [20, 30)   0.12
 5 [30, 40)   0.17
 6 [40, 50)   0.06
 7 [50, 60)   0.08
 8 [60, 70)   0.05
 9 [70, 80)   0.05
10 [80, 90)   0.06
# ... with 11 more rows

$Age
# A tibble: 14 x 2
   value       prop
   <chr>      <dbl>
 1 [-Inf, 20)  0
 2 [20, 25)    0.09
 3 [25, 30)    0.12
 4 [30, 35)    0.09
 5 [35, 40)    0.03
```

```
 6 [40, 45)    0.07
 7 [45, 50)    0.11
 8 [50, 55)    0.12
 9 [55, 60)    0.1
10 [60, 65)    0.12
11 [65, 70)    0.11
12 [70, 75)    0.03
13 [75, 80)    0.01
14 [80, Inf)   0
```

- inspect_num(SalaryGender) 함수를 이용하여 양적 데이터에 대한 요약 통계량과 도수분포표를 작성하였다. 결과는 tibble 형태로 출력되었다.
- col_name은 변수명, min은 최솟값, q1은 제1사분위수, median은 중앙값, mean은 평균, q3은 제3사분위수, max는 최댓값, sd는 표준편차, pct_na는 결측치 비율을 나타낸다.
- hist는 각 구간의 상대도수를 나타낸 각 변수의 도수분포표를 나타낸다.

양적변수의 정보를 그래프로 나타내기

```
show_plot(Num)
```

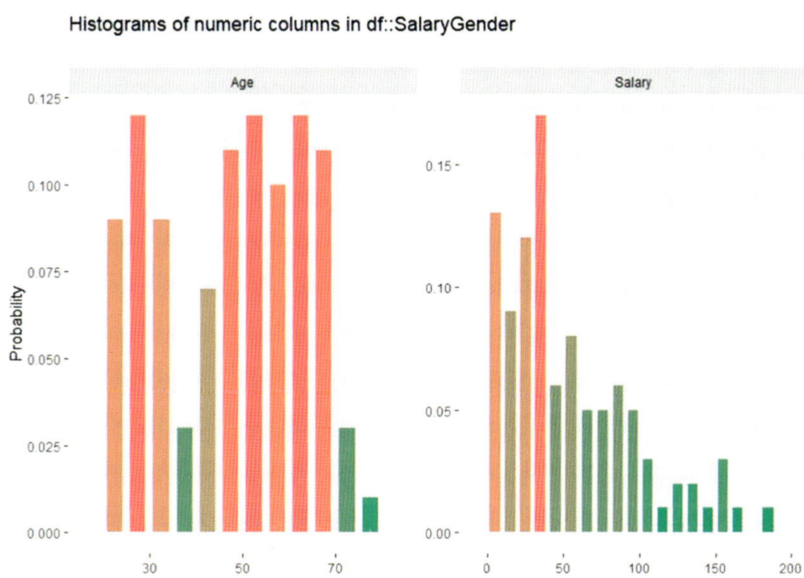

- 각 변수에 대한 히스토그램을 작성하였다.

양적변수들 사이의 상관계수를 구해보자. inspect_cor() 함수를 이용하면 양적변수들 사이의 상관계수를 구할 수 있다.

양적변수들 사이의 관계에 대한 정보요약

```
> Cor <- inspect_cor(SalaryGender)
> Cor
# A tibble: 1 x 7
  col_1 col_2   corr     p_value lower upper pcnt_nna
  <chr> <chr>  <dbl>       <dbl> <dbl> <dbl>    <dbl>
1 Age   Salary 0.477 0.00000262 0.310 0.616      100
> Cor$corr
[1] 0.4770431
> Cor$p_value
[1] 2.622977e-06
> Cor$lower
[1] 0.309638
> Cor$upper
[1] 0.6157642
> Cor$pcnt_nna
[1] 100
```

- inspect_cor(SalaryGender) 함수를 이용하여 데이터프레임 SalaryGender에 속한 양적변수들 사이의 상관계수를 나타내었다.
- 결과는 tibble 형태로 출력되었다.
- col_1, col_2는 변수이름이다.
- corr은 두 변수 사이의 상관계수이다.
- p-value는 모상관계수가 0인지를 검정할 때의 p_값이다.
- (lower, upper)은 모상관계수의 신뢰구간이다.
- pcnt_nna는 정상적인 데이터(non missing observations)의 수를 나타낸다.

양적변수들 사이의 관계에 대한 정보를 그래프로 나타내기

```
show_plot(Cor)
```

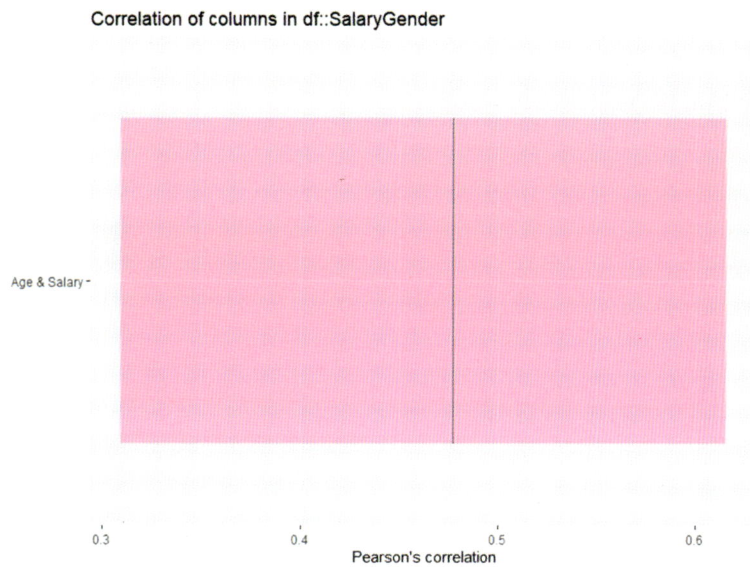

- 각 변수 사이의 상관계수를 그래프로 나타내었다.

범주형 변수에서 도수가 가장 큰 범주에 대한 도수와 백분율을 나타내보자. inspect_imb() 함수를 이용하면 각 범주형 변수에서 도수가 가장 큰 범주에 대한 도수와 백분율을 나타낼 수 있다.

범주형 변수에서 도수가 가장 큰 범주에 대한 도수와 백분율 나타내기

```
> SalaryGender %>%
+   inspect_imb()
# A tibble: 2 x 4
  col_name value   pcnt   cnt
  <chr>    <chr>  <dbl> <int>
1 PhD      noPhD     61    61
2 Gender   female    50    50
```

- inspect_imb() 함수를 이용하여 각 범주형 변수에서 도수가 가장 큰 범주에 대한 도수와 백분율을 나타내었다.

범주형 변수에서 도수가 가장 큰 범주에 대한 백분율을 그래프로 나타내기

```
> SalaryGender %>%
+   inspect_imb() %>%
+   show_plot()
```

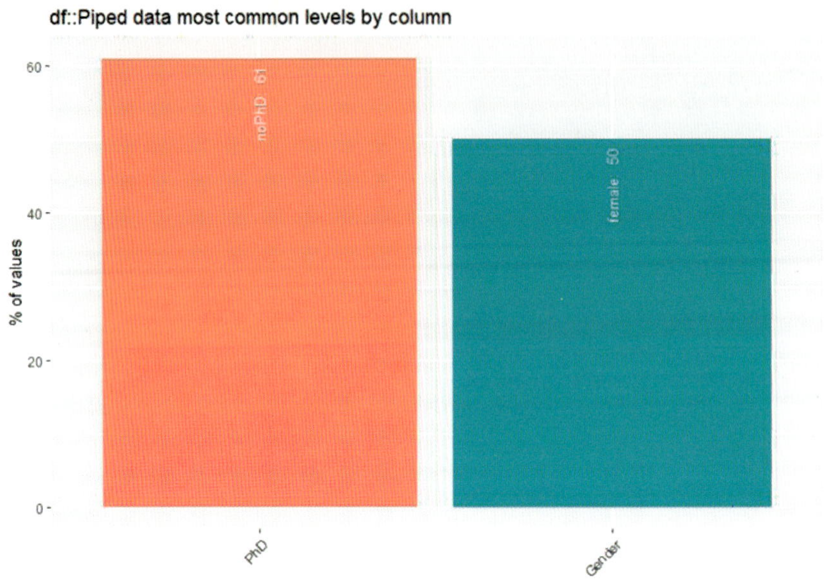

• 도수가 가장 큰 범주에 대한 백분율을 그래프로 나타내었다.

결측치를 포함하고 있는 데이터프레임에 대해서 inspect_*() 함수를 적용해보자. 데이터프레임 SalaryGender에 랜덤하게 결측치를 생성시켜서 새로운 데이터프레임 SalaryGender_NA을 만들었다.

새로운 데이터프레임 SalaryGender_NA 만들기

```
> set.seed(1234)
> SalaryGender_NA  <- SalaryGender
> for(i in 1:20){
+     SalaryGender_NA[sample(1:nrow(SalaryGender_NA), 3), sample(c(1,2,3), 1)] <- NA
+ }
> head(SalaryGender_NA, n = 10)
   Salary Gender Age     PhD
1   140.0   male  47 havePhD
```

```
2     30.0   <NA>  65 havePhD
3     35.1 female  NA    noPhD
4     30.0   <NA>  23    noPhD
5     80.0   <NA>  53 havePhD
6     30.0 female  27    noPhD
7     60.0   male  53    noPhD
8       NA female  30    noPhD
9    125.0   <NA>  44 havePhD
10    51.0   male  NA havePhD
```

• sample() 함수를 이용하여 SalaryGender 데이터프레임에 랜덤하게 결측치를 생성하였다.
• set.seed(1234) 난수 발생을 위해 초기치를 지정하였다.

데이터프레임에 포함된 결측치에 대한 정보를 그래프와 수치로 요약해보자. inspect_na() 함수를 이용하면 결측치에 대한 정보를 얻을 수 있다.

결측치 정보

```
> Na <- inspect_na(SalaryGender_NA)
> Na
# A tibble: 4 x 3
  col_name   cnt  pcnt
  <chr>    <int> <dbl>
1 Age         25    25
2 Gender      21    21
3 Salary       5     5
4 PhD          0     0
```

• inspect_na(SalaryGender_NA) 함수를 이용하여 각 변수의 결측치에 대한 정보를 얻었다.
• 결과는 tibble 형태로 출력되었다.
• col_name는 변수 이름, cnt는 각 변수에 포함된 결측치 수, pcnt는 각 변수에 포함된 결측치 비율을 나타낸다.

결측치 정보를 그래프로 나타내기

```
show_plot(Na)
```

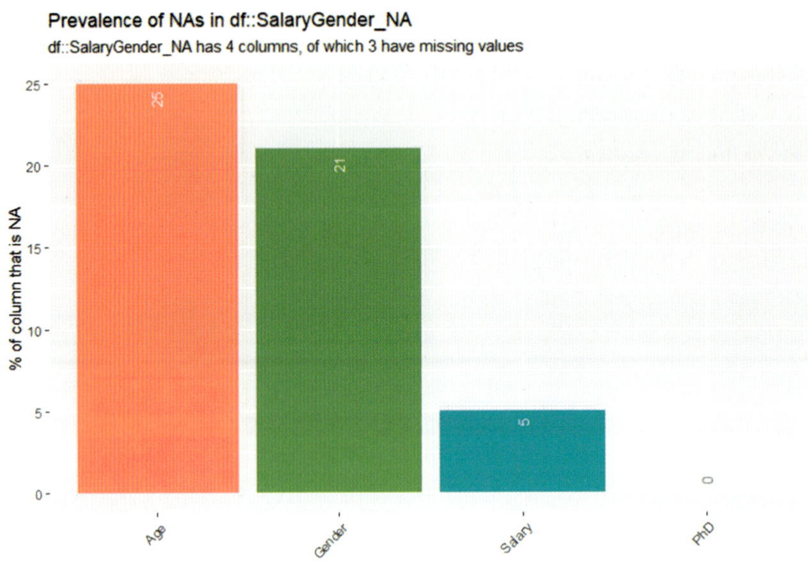

SalaryGender_NA에 inspect_cat() 적용

```
> SalaryGender_NA %>%
+       inspect_cat()
# A tibble: 2 x 5
  col_name   cnt common common_pcnt levels
  <chr>    <int> <chr>        <dbl> <named list>
1 Gender       3 female          40 <tibble [3 x 3]>
2 PhD          2 noPhD           61 <tibble [2 x 3]>
```

- inspect_cat() 함수로 데이터프레임 SalaryGender_NA에 속한 범주형 변수에 대한 정보를 수치로 나타내었다.

SalaryGender_NA에 inspect_cat() 적용-그래프

```
> SalaryGender_NA %>%
+   inspect_cat() %>%
+   show_plot()
```

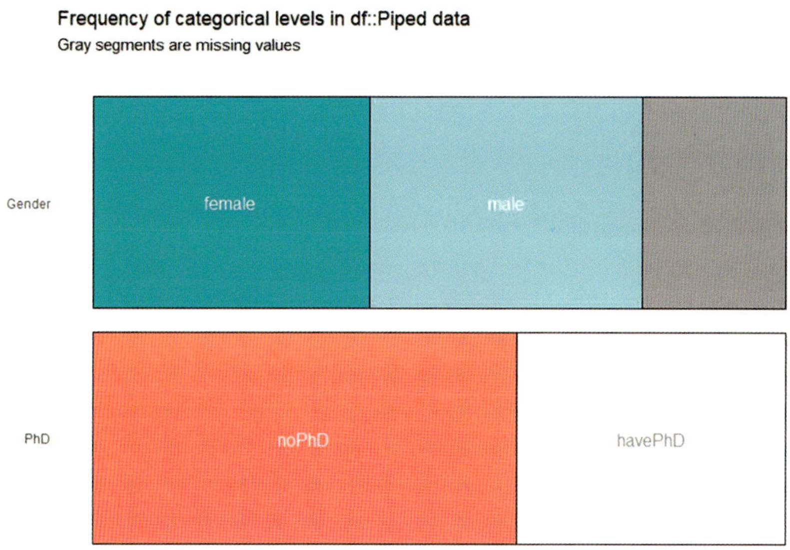

• 회색 부분은 결측치를 나타내는 영역이다.

SalaryGender_NA에 inspect_num() 적용

```
> SalaryGender_NA %>%
+       inspect_num()
# A tibble: 2 x 10
  col_name  min    q1 median  mean    q3   max    sd pcnt_na hist
  <chr>    <dbl> <dbl>  <dbl> <dbl> <dbl> <dbl> <dbl>   <dbl> <named list>
1 Salary    0.25    21   39.8  52.3    77   190  41.5       5 <tibble [21 x 2]>
2 Age      20       32   49    46.9    60    77  15.3      25 <tibble [14 x 2]>
```

• inspect_num() 함수로 데이터프레임 SalaryGender_NA에 속한 양적 변수에 대한 정보를 수치로 나타내었다.

SalaryGender_NA에 inspect_cor() 적용

```
> SalaryGender_NA%>%
+       inspect_cor()
# A tibble: 1 x 7
  col_1 col_2   corr   p_value lower upper pcnt_nna
  <chr> <chr>  <dbl>     <dbl> <dbl> <dbl>    <dbl>
1 Age   Salary 0.487 0.0000524 0.288 0.646       72
```

- inspect_cor() 함수를 이용하여 데이터프레임 SalaryGender_NA에 속한 양적변수들 사이의 상관계수를 나타내었다.

SalaryGender_NA에 inspect_imb() 적용

```
> SalaryGender_NA %>%
+   inspect_imb()
# A tibble: 2 x 4
  col_name value  pcnt   cnt
  <chr>    <chr> <dbl> <int>
1 PhD      noPhD    61    61
2 Gender   male     45    45
```

- inspect_imb() 함수를 이용하여 데이터프레임 SalaryGender_NA에 속한 각 범주형 변수에서 도수가 가장 큰 범주에 대한 도수와 백분율을 나타내었다.

참고자료

- Hadley Wickham (2016). ggplot2: Elegant Graphics for Data Analysis. 2nd ed. Springer.
- Hadley Wickham & Garrett Grolemund (2016). R for Data Science. O'Reilly Media, Inc.
- Leinhardt, S. & Wasserman, S. S. (1979). Exploratory data analysis: An introduction to selected methods. In Schuessler, K. (Ed.) Sociological Methodology 1979 Jossey-Bass.
- https://archive.ics.uci.edu/ml/index.php
- https://cran.r-project.org/web/packages/Lock5Data/Lock5Data.pdf
- https://dplyr.tidyverse.org
- https://ggplot2-book.org/index.html
- https://ggplot2.tidyverse.org
- https://r-charts.com/base-r/pch-symbols/
- https://rdrr.io/rforge/Lock5Data/man/ExerciseHours.html
- https://www.census.gov/programs-surveys/acs/microdata.html
- https://www.rstudio.com
- https://www.r-project.org
- https://www.tidyverse.org
- 김지형 (2020). 아빠가 들려주는 ggplot2+ 데이터 시각화 시작하기. 북앤에듀.
- 박동련 (2020). R과 통계분석. Tidyverse 활용. 제3판. 자유아카데미.
- 윈스턴 챙(지음)·이제원(옮김) (2013). R Graphics Cookbook 데이터 시각화를 위한 실용 레시피. 인사이트.
- 차영준·박진표 (2019). R 통계프로그래밍의 이해. 자유아카데미.

찾아보기

저자 소개

차영준
안동대학교 자연과학대학 정보통계학과 교수
Email : yjcha@andong.ac.kr

박진표
경남대학교 AI·SW 융합대학 컴퓨터공학부 명예교수
Email : jppark@kyungnam.ac.kr

데이터과학 입문을 위한

R과 타이디버스

저 자 차영준 · 박진표
발 행 인 김지영
발 행 처 자유아카데미
주 소 경기도 파주시 회동길 37-42
파주출판도시
전 화 031-955-1321
팩 스 031-955-1322
홈페이지 www.freeaca.com
전자우편 main@freeaca.com (대표)
editor@freeaca.com (편집)
crm@freeaca.com (영업)
등 록 제406-2003-017호, 1980. 7. 12
제1판1쇄 2022년 7월 15일 발행

저자와의
협의하에
인지생략

ISBN 979-11-5808-367-0 93310